Now. please. go.

Write your asses off.

现在就开始吧

开始写

写到骨头里.

写出我心

Writing Down the Bones

普通人
如何通过写作
表达自己

Freeing the Writer Within

[美] 娜塔莉·戈德堡 著

韩良忆 袁小茶 译

Natalie Goldberg

广西科学技术出版社

For all my students

    past, present

        and future

May we all meet in heaven Café

    writing for eternity

献给我所有的学生.

过去的、现在的、未来的学生.

也许我们会在天堂的一家咖啡馆相逢.

等个我们的前世今生.

前言 preface

在写作这件事上，众生平等——无论你身处何方，

来自何等社会阶层，是男是女，皮肤是什么颜色，

都可以用笔去表达自己。

在去年 12 月份的一个晚上，我去圣达菲 ¹ 参加了一个电影制片人的生日聚会。这个制片人很年轻，我们也只是圈子中的泛泛之交而已。于是有大概半个钟头的时间，我都站在自助餐餐桌的旁边，和一个初次见面的小伙子聊天，有一搭没一搭地说话。这个小伙子大概三十岁出头，他说自己是个诗人。于是我说，我之前也是个诗人，后来才开始转型写书。

听说自己遇到了"曾经的女诗人"，小伙子脸上的神情显得有些古怪，问我道："敢问……那您后来都出过什么书？"

"出过几本，"我说，"可能还比较有名的一本，叫《写出我心》。"

"啊！！！您不是开玩笑吧！"小伙子的眼球都要蹦出来了，

"《写出我心》是您写的？！那您还活着？！"

我连眼睛都不带眨的，跟他说："对啊，我还活着，还能写字，还没老成墙上的照片。"

"哈哈哈哈哈哈。"两个人哑然失笑。

我知道这个小伙子想说又没敢说出的话——《写出我心》是他在高中就读过的书。能被列入高中读本的经典读物，基本上那些老掉牙的"经典作家"都应该已经入土了。

《写出我心》是我在1986年出版的作品。我经常跟我的读者说，这本书的出版时间很幸运。如果换到50年代出版，那一定就石沉大海了。恰好1986年出版时，赶上了这个国家的大趋势——美国人开始有了表达自己的强烈需求。在写作这件事上，众生平等——无论你身处何方，来自何等社会阶层，是男是女，皮肤是什么颜色，都可以用笔去表达自己。在《写出我心》的读者来信中，有佛罗里达州保险公司的副总，也有内布拉斯加州的工厂工人；有密苏里河畔的采石工人，也有得克萨斯州监狱的囚徒。他们之中有律师、医生、同性恋人权斗士、家庭主妇、图书馆管理员、教师、牧师，甚至是某些政治家。在当时，一场全民写作的大革命就在美国开始流行。书店里开始有了"写作教程"专类的书架，有个学生甚至跟我说："我明白了，写作，是一个新的宗教信仰。"

"但是为什么呀？"人们问我说，"真的是美国人都爱上了写作？"

我觉得，并不是人人都想写出美国最伟大的小说，但是人人都有想把自己的故事讲给别人听的愿望——或者在碌碌一生中，对我们所思、所感、所见、所闻的一种记录与觉悟。写作是一条小径，让我们得以在小径中和自己相逢、相知、相守。我们可以试想，大千世界所有众生，"卵生"的虫蚁不会写作，"胎生"的猫、马不会写作，"有色"的草木，"无想"的石头，都不会写作。写作是人类特有的行为活动，是固定在人类 DNA 中的特质。就像被"写"下的《独立宣言》和其他不可被剥夺的人权一样："我们拥有生命、自由、写作、追求幸福，以及写作的权利。"

而且，写作是件不需要太多物质条件的事情——你只需要有最普通的一张纸、一支笔（或者有人习惯用电脑敲字），加上你的想法，就可以解决问题。胸中感知何处安？秋色月明何时来？蓝莓颗颗知何味？车马行行何人盼？何人恋恋有佳人？何人所思何人看？写作造就了你胸中之自信，让你的精神觉醒。

《写出我心》并非是某一人的创意想法，它是基于人类两千年文字写作的基础。我只是在书中给写作找到了一个基础性的框架。在我写《写出我心》的时候，其实我当时已经有了 10 年的禅修冥想经验，其中有六年拜师日本著名的禅师。我们的心念来源何处？

记忆、想法，甚至一个最简单的单词"the"，来源于何处？禅修冥想和写作训练是有通性的，我们越是觉知自己的心念，就越能在写作中寻得心安。

在这本书出版之后，有人称我为天才。我淡淡一笑，因为我知道自己绝不是天才。也许我唯一有慧根的想法，就是将禅修和写作相融合。我一直很迫切地希望，写作可以成为我的一种生命态度，然而这一想法在我从小到大的学校教育中，并未得到答案。到了大学之后，我基本上已经放弃了从学校得到答案。但在同时，其实我一直在深入地挖掘我的内心，只是我当时不知道，自己已经爱上了阅读和文学。我想记录我的家族故事，记录那些只有我知道的故事，记录我的初吻，记录我最新的发型，记录山上鼠尾草的味道，记录我与内布拉斯加州平原的亲密接触。我好像变得呆滞了（因为我并不再认为生命存在的一切都是理所当然），我开始用眼睛、用心去感受万物之间的联系，感受万物与自己心念的接触，然后让这一切跃然纸上。

小时候很怕写作文，可现在我多么希望能再有一次写小学的作文的机会，比如："你这个暑假是怎么过的？"当我在小学五年级的时候，我只是很头疼地凑字："我这个暑假过得非常愉快。我很开心。我的暑假很有意思。"这个水平一直停留在 B 的分数水平。但如果我现在去写，我可能会发现那些美好的细节是多么值得回忆：那一年暑假，我妈妈染了一头红头发，涂了银色的脚指甲油。我那时正在疯狂地迷恋飞行棋，玩累了棋就去外边继续疯跑，追着洒水车一直跑啊跑……我四处去捉甲壳虫，把它们抓到玻璃的罐头瓶里，然后给它们喂草吃。爸爸坐在厨房的餐桌旁，不怎么爱说话，手里拿着一罐百威啤酒。

那一年暑假，我还和一个金发碧眼的男孩撞了个满怀，心里怦怦直跳；我看到了电视上播出的种族歧视新闻，第一次感到很受伤；我还唯恐妹妹长得比自己好看，心里有点小吃醋；我还和奶奶一起学做卷心菜沙拉……我生命中有过这么多美丽的时刻，可我当时并不知道如何将它们记录下来。

在《写出我心》这本书中，我觉得写作不仅仅是小孩子的事，也是我们这些早已成年的大孩子的事情。

我衷心地希望这本书能出现在学校的课堂中，出现在学生的写作课上，让更多的人知道如何去了解自己，了解可以用笔去表达自己的喜悦、所见所感和心中的信念。当你可以用笔和自己的心触碰，你才会发现一个大写的自己，一种真正的自由。

在很久之前，我曾经读过杰克·凯鲁亚克[1]的一篇散文诗。其中有4句对我的心灵写作之路提供了特别的支持：

---

[1] 杰克·凯鲁亚克（Jack Kerouac, 1922~1969），美国"失落的一代"的代表作家之一，著有《在路上》等名作。

逝去之事不可留，

万事三平二满休。

字句人间皆无惧，

一生有爱无尽头。

Accept loss forever

Be submissive to everything, open, listening

No fear or shame in the dignity of your experience, language,and

knowledge

Be in love with your life

相信我，你也可以在写作的浩瀚世界中找到属于自己的位置，这里不排斥古怪、个性和奇特想法，只有接纳。

现在就开始吧，开始写，写到自己的骨头里。

——2004年12月

引言 Introduction

这本书谈的便是写作，它也谈到用写作来修行，

帮助自己洞察生活，使自己心神清澄。

读中小学的时候，我是个曲意承欢的模范宝宝。我想让老师喜欢我，我学习逗点、冒号和分号；写起作文来，句句清楚分明，然而既乏味又枯燥，文中不带一丝个人原创的想法和真实的感受。我只是急于把我以为老师们想要的东西拿给他们看。

到了大学时代，我爱上了文学，简直是狂爱哟。为了要记牢杰拉德·曼利·霍普金斯 [1] 的诗作，我用打字机一遍遍地把诗句打了又打。我大声诵读弥尔顿（John Milton）、雪莱（Shelley）和济慈（Keats）的诗，然后晕乎乎地躺在宿舍窄小的床铺上。在六十年代末期就读大学时，我几乎清一色只读英格兰和欧洲其他地区的男作家作品，而这些作家大多已不在人世。他们和我的日常生活距离十分遥远，虽然我热爱他们的作品，但无一能反映我的生

---

1 杰拉德·曼利·霍普金斯（Gerard Manley Hopkins, 1844～1889），英国诗人。

活经验。我想必是下意识在猜度，写作并不在我的知识范畴内。我当时完全没想过要提笔写作，不过私底下憧憬着能嫁给诗人。

大学毕业以后，我发觉没有人会聘请我读小说以及为诗而眩晕陶醉，于是和三个朋友在密歇根州安娜堡的纽曼中心地下室，合伙开了家福利餐厅，供应自然食品午餐。当时正值七十年代初，餐厅开张前一年，我尝到生平第一颗鳄梨。餐厅的名字叫"裸体午餐"（Naked Lunch），语出威廉·巴勒斯[1]的小说——"在时光凝冻的那一片刻，人人都看到了每根叉子顶端叉住了什么东西。"早上，我烘焙葡萄干松饼和蓝莓松饼；兴致来的时候，甚至会烤花生酱口味的。我当然希望顾客会爱吃这些松饼，不过我晓得，如果我怀着在意的心情烤饼，它们通常都蛮好吃的。我们创造了那家餐厅，我们再也不需要回答伟大的答案，以便在学校里拿到 A 的好成绩。就从那时起，我开始学会信任自己的心灵。

有个星期二，我煮普罗旺斯煨什蔬[2]当午餐。当你为餐厅做这道菜时，可不是光切颗洋葱和茄子便可了事；料理台上堆满了洋葱、茄子、节瓜、西红柿和大蒜。我花好几个小时切菜，有的切块，有的则是切片。那天晚上下班后的回家途中，我在史戴特街上的

---

1 威廉·巴勒斯（William Burroughs, 1914~1997），美国"失落的一代"代表作家之一，《裸体午餐》乃其名作。

2 煨什蔬（Ratatouille）为普罗旺斯名菜，用小火慢煨洋葱、茄子、西红柿和节瓜等蔬菜而成。

珊提柯书店停下脚步，在书架之间流连。我看到一本薄薄的诗集，是艾瑞卡·琼[1]的《水果和蔬菜》。（琼当时还未出版小说《怕飞》，尚且默默无名。）我翻开书页看到的第一首诗，讲的竟是煮茄子的事！我好惊讶："你的意思是说，这种事也可以拿来做文章吗？"这么司空见惯的事物？我日常做的事？我茅塞顿开。回家以后，我决心开始写我知道的事，开始相信自己的想法和感受，不去顾盼自己身外的事物。我已经不是小学生了，我想说什么便说什么。我提笔写起我的家人，因为没有人会指责我说得不对，在这世上，我最了解的人就是他们。

这一切都已经是十五年前的事了。有位朋友曾对我说："相信爱，它便会带你到你需要去的地方。"我想加上以下几句："相信你所爱的事物，坚持做下去，它便带你到你需要去的地方。"别太过担忧安全与否的问题，一旦你开始去做自己想做的事，内心深处终将获得很大的安全感。话说回来，我们当中又有多少享有高收入的人真的拥有安全感呢？

过去十一年来，我在许多地方教写作班。在新墨西哥大学；在喇嘛基金会；在新墨西哥州的道斯（Taos）教嬉皮；在阿布奎基（Albuquerque）教修女；在布尔德（Boulder）教少年犯；任教于明尼苏达大学及内布拉斯加州诺福克（Norfolk）一所名为东北

---

1 艾瑞卡·琼（Erica Jong，1942～），美国知名女权主义作家。

学院的技术学院；担任明尼苏达州的校际诗人；在家里为同性恋团体开星期日晚上写作班。我一遍又一遍地采用同样的方法来教学生，那是一项基本知识，也就是相信你自己的心，并对自己的生活经验培养出信心。我百教不厌不说，更因此有了益发深入的了解。

我从一九七四年起开始学打坐。自一九七八至一九八四年，我在明尼亚波利斯的明尼苏达禅学中心正式拜在片桐大忍老师 (Dainin Katagiri Roshi，Roshi 即为老师，是禅师的头衔) 门下学禅。每当我去看他并请教学佛的疑惑，每每听得一头雾水，直到他说："你晓得，就好像在写作的时候，你……"他一举写作为例，我便了解了。大约三年前，他对我说："你为什么来学打坐？为什么不用写作来修行？只要你钻研写作够深入透彻，便可随心所欲。"

这本书谈的便是写作，它也谈到用写作来修行，帮助自己洞察生活，使自己心神清澄。书中所谈有关写作的各点，亦可转而应用在跑步、绘画，或任何你所喜爱并决心在生活中从事的事物上。当我把书中数章读给吾友——克雷超级计算机公司（Cray Research）的总裁约翰·罗维根（John Rollwagen）听时，他说："怎么搞的，娜塔莉，你是在谈做生意嘛。做生意也是这样，没有什么不同。"

学习写作并非一个线性的过程，没有什么从 A 至 B 至 C 的逻辑方式可以让人变成好作家。关于写作，并没有一个简单明了的真理便足以解答所有的疑惑，世上有许多关于写作的真理存在。

练习写作意味着最终你得全面探讨自己的生命。指点你如何将脚踝断骨接合的知识，并不能教你如何补蛀牙。本书的某一段落可能会表示写作须简洁明朗，这是为了帮你改掉行文抽象、散漫不着边际的毛病。然而，另外一章却又叫你放松，顺着情绪的波动而写，这是为了激励你确实说出内心深处需要说的话。或者在某一章里头说设立工作室，因为你需要有私人的写作空间；可是到了下一章又讲："走出家门，远离肮脏的碗盘，去咖啡馆写作。"有些技巧适用于某些时候，有些则适用于其他时候。每个片刻都不一样，需以不一样的方式对应才会奏效。凡事皆无一定的对错。

我教学生时，总要他们"写下骨干"，亦即写出他们心中基本且清明的想法。然而我也晓得，我不能光是讲："好，把事情写清楚，而且要实话实说。"我们在课堂上试用不同的技巧或方法，学生到头来终于开窍了，便会明白他们需要说什么，以及需要如何说出来。不过，我可不会讲："好，到了第三堂课，等我们探讨过这个和那个，你们就会写得好了。"

读这本书也是如此。你可以一口气把书看完，头一回读毕时效果或许会不错；你也可以随意翻开一章，就读那一章，书中每一章都自成完整的段落。看书时放松心情，用整个的身体和心灵慢慢地吸收。而且，不要光是看书而已，动手写吧，相信自己，明白自己的需求，并且运用这本书。

目录

在这世界的中央，踏出积极的一步。

在一团混乱的中心，采取明确的行动。

只管写，写，写

Beginner's Mind.
　　　Pen and Paper
初写者的心、笔和纸

内在的世界必然会创造外在的世界

然而外在世界和我们所使用的工具也会影响我们

思想成形的方式

我很喜欢教入门班，因为我必须重回初写者的心灵状态，重拾我对写作最初的想法和感受。从某方面来说，每一回坐下来开始写作，我们都必须重返初写者的心灵状态。两个月前我们写了一篇好文章，但这并不能担保我们能再一次写出佳作，这事可是说不准的。说实在的，每一回动笔时，我们都在纳闷自己以前到底是怎么做到的。每一回都是一趟新的旅程，而且没有地图。

因此，当我教写作班时，都必须把同样的故事从头到尾再讲一遍，心里同时得记住，学生都是第一次听到这个故事，我必须从最开头的地方讲起。

首先来看你要用来写字的那支笔。这支笔必须能书写流利快速，因为脑袋思想的速度永远快过手写的速度，你可不会愿意让一支慢笔减缓你手写的速度吧。圆珠笔、铅笔和毛毡笔都慢，尤其是毛毡笔。到文具行去，看哪种笔让你写起来最顺手。试用不同种类的笔，而且别买太花哨、太昂贵的笔。我多半用价廉的西华 (Sheaffer) 钢笔，一支大约 1.95 美元，它还有可替换的墨水夹。多年下来，我已买过成百上千支，每种颜色都买过，虽然它们常会漏水，可是写起来很快。新上市的钢珠笔写得也挺快，但是有一点不大好控制。你会希望感受得到笔接触纸面的联结感和质感。

也得想想你的笔记本，这一点很重要。它是你的工具，就好像木匠少不了槌子和钉子一样。（幸福吧，只要一点点成本，你就能做生意了！）有时候，有人会买高价的硬皮记事本，庞大又笨重，而且因为本子外观精巧好看，你会以为非得在上头写些好文章才配。相反地，你应该觉得，就算在纸上写下全世界最烂的垃圾文字也没关系。给自己宽阔的空间来钻研写作，便宜的活页笔记本会让你觉得，你很快便可以将它填满，然后另买一本。此外，这种笔记本也易于携带。（我常买笔记本大小的皮包。）

加菲猫、大青蛙剧场、米老鼠、星际大战等，我爱用这种封面很好笑的笔记本。每年九月开学时，这类笔记本就会上市，售价比一般的活页笔记本贵一点，可是我喜欢它们。打开史奴比封面的笔记本很难叫我太过一本正经，这也让我比较容易能找到它们——"喔，对了，那年夏天我是用西部冒险系列的笔记本。"多试用不同的种类：内页空白、画线，或印有图案的；硬皮或软皮包装的。到最后，它都得为你效劳。

笔记本的大小也有关系。小的笔记本可以装进衣服口袋里，可是这么一来，你也只能记下小的想法。但这也无所谓，美国名诗人，同时也是小儿科医师的威廉·卡洛斯·威廉姆斯（William Carlos Williams，1883～1963），就趁着看诊等病人的空当，在处方笺上写了不少诗。

细节

大夫，我找了你好久哇

我欠你两块钱

你好吧?

很好,等我一弄到钱

就带来给你 [1]

在他的诗集中,可以看到许多处方笺篇幅的诗作。

有时,你可能会想把思绪直接用打字机打出来,而不想写在笔记本上。写作运用到身体,因此会受所用工具的影响。打字时,你用手指敲键盘,打出来的是一个个黑色的字体:你内在的另一个层面可能会因而浮现。我发觉当我在写带有强烈情绪的文章时,我非得先写在纸上不可。手写的动作和心情的波动有着比较紧密的关联。然而,当我要写故事的时候,则会直接用打字机。

还有件事你不妨一试,那就是对着录音机讲话,看看说出自己的想法并直接将声音录下来的感觉如何。或者把它当成方便行事的办法:你可能正在缝衣服的边,而这让你想起了有关你前夫的往事,你想把它写下来。你的双手忙着缝纫,可是你有张嘴可以对录音机讲话。

我很少用电脑工作,但我能想象用苹果计算机写作的滋味:把键盘放在膝上,闭上双眼,就这么一直打下去。计算机会自动

---

1 出自《威廉姆斯早期诗作选》(The Collected Earlier Poems),作者:威廉·卡洛斯·威廉姆斯 (William Carlos Williams),出版地:纽约,出版社:New Directions,出版年代:1938。——原注

换行，那叫做"线回"（wrap-around），你可以没完没了地敲下去，不必担心打字机到了一行终了，会发出叮的一声。

勇于实践，甚至试着在大张的绘图纸上写作。内在的世界诚然会创造外在的世界，然而外在世界和我们所使用的工具也会影响我们思想成形的方式。试着用飞机在空中喷烟写作。

要慎选工具，可是也不要太过小心翼翼，以致紧张兮兮，或花在文具行的时间比花在写字桌前的还多。

First Thoughts

初始的意念

世界不是永恒不变的.

它时时在变动.

并亢斥着人类的苦难.

写作练习的基本单位乃定时演练。随你喜欢，你可以替自己设定十分钟、二十分钟或一个小时，多久都行。一开始你可能想先设定短一点的时间，一星期以后再增加，或者你可能第一回便想埋首写作一个小时。随便怎样都好，重要的是，不管你选定的时间有多长，都必须遵守，并写完整个时段。

1. 手应当不停地写。(不要停下来重读你刚才写的那一行，那只是在拖时间，并在设法掌控你正在说的话。)

2. 不要删除。(那是在编辑你写的东西，就算写出来的并不是你原本打算写的东西，也随它去。)

3. 别担心拼错字、标点符号和文法。(甚至别去管是否把字写出了格子，或超出线。)

4. 放松控制。

5. 别思考，别想着要合乎逻辑。

6. 直捣要害。(倘若你写出了可怕或太过赤裸裸的东西，那就一头钻进去，其中说不定蕴藏了很多能量。)

以上即为规则，必须切实遵照，因为你的目标就是要竭尽所能回到初始的意念，回到能量未受社交礼节或内在压抑阻挠之处，回到你把心灵实际所见与所感都写出来的地方，而不是心灵以为它该见到或该有的感受。这是捕捉你心灵奇妙之处的绝佳机会，借以探索思想嶙峋不平的边缘；就像切根胡萝卜似的，让你的意识将纸张染得如生菜色拉一般五彩缤纷。

初始的意念藏有巨大的能量，呈现心灵对某件事物灵光一闪的最初反应。但内在的潜意识压抑往往会抑制它们，我们因而生活在第二手、第三手想法的世界里；思索再思索，再三地远离了和初始灵光的直接联系。比方说下面这句话——"我把喉咙上的雏菊割掉了"突然浮现心头，可是我受过一加一等于二逻辑训练的脑子，经过深思，基于礼貌、恐惧，加上对自然无矫饰的语言感到难为情，于是会这么说："胡说八道，你听起来一副想自杀的样子。别让人见到你在割喉咙，人家会以为你是神经病。"如果我们听任潜意识的压抑发威，我们会写出："我的喉咙有点痛，所以我什么话也没讲。"合宜但无趣。

初始的意念亦未受到"自我"（ego）的阻碍，我们内在的这个机制一直设法要取得控制，想证明这个世界是永恒、充实、持久且合乎逻辑的。然而世界却不是永恒不变的，它时时在变动，并充斥着人类的苦难。因此，一旦你表达出不受自我约束的东西，文中也会充满能量，因为它表达了世事的真相；你的文章并未负担自我造成的包袱，你乘着人类意识的波浪前进了一会儿，并用个人的细节来描述这趟旅程。

坐禅时，你得把背挺直，双手置膝或置于身前，盘腿坐在叫做 zafu 的坐垫上，这个姿势名为"手印"（mudra）；你面对白墙，留心自己的呼吸，不管心里感觉如何——心头洋溢龙卷风般的怒火和抗拒也好，还是像大雷雨般的喜悦与悲哀也好，你都得持续坐着，背挺直，面墙盘腿打坐。你学会一件事：不论内心的思潮或情感有多澎湃，都得不动如泰山。继续坐着，这便是得遵守的纪律。

写作亦是如此。当你接触初起的意念时，你必须当个伟大的斗士，从这些意念写起。特别是在一开头的时候，你可能会感到情感洋溢且能量充沛，因而难以自持，但切勿停笔。应持续用你的笔记录生命的细节，并洞悉这些细节的核心。在初级写作班上，常有学生读了自己方才所写的东西以后，痛哭失声。这无伤大雅，他们也常边写边哭。我鼓励他们透过泪眼阅读或写作，如此才能显现出另一面，而不再受情绪摆布。流泪时不要停下，勇往直前探究真相。这就是该守的纪律。

为什么初起的意念能量如此丰富？因为它们牵涉到清新的气息与灵感。灵感意味着"吸纳"，吸纳神灵，你的世界因而变得比本来的宽广，而初始的意念随即显现出来。它们并不掩饰眼前正在发生的事情或感受。当下洋溢着巨大的能量，事情该怎样便怎样。我有位信佛的朋友一次在打坐完以后说："打坐后，色彩变得更鲜活了。"教她打坐的师父表示："活在当下，世界才会真的活过来。"

Writing as a Practice

把写作当成练习

那是我们的原始森林.

我们在此凝聚能量心在.

才开始修剪我们的庭园.

写作我们优美的书籍和小说

　　这里是写作练习学校，和跑步一样，越常练习，表现越佳。偶尔你会提不起劲，三里的路程，每一步都在抗拒，可是你还是勉为其难地跑了。有兴致也好，没兴致也罢，你都得练习，可不能坐等灵感来了，想跑的欲望涌现了，才开步前进。灵感和欲望绝对不会自动来报到，尤其当你身材已经变形，而且一直在逃避，更休想它们会来。然而倘若你定期跑步，训练自己的心志去适应，或不去理会那股抗拒的心情，你就是去跑，并且在跑到一半的时候，爱上了跑步。当你接近终点的时候，反而极不愿意停下脚步。一旦停步了，便渴望下一次的跑步。

　　写作亦是如此，你一旦埋首写作，便会纳闷，自己怎么会耽搁了那么久才终于坐在书桌前。经由练习，你确实得到进步；学会更加信赖深层的自我，并且不屈从于心底有意逃避写作的那个声音。有件事真是奇怪，那就是我们从来不会质疑足球队在一场比赛之前，是否应该花上好长一段时间练球，可是碰上写作这种事，我们却难得给自己练习的空间。

　　写作时，不要说"我将写作一首诗"。这种心态会使你当场呆掉。尽量不对自己有所期许，坐在桌前，说："我有写出世上最烂的垃圾的自由。"你必须给自己空间，没有目的，痛快地写。我过去的一些学生说，他们决定创作伟大的美国小说，但连一行也没写出来。要是你每一回一坐下，都期待着要写出伟大作品的话，写作带给你的，永远只有大大的失望。此外，那份期待也会让你迟迟无法动笔。

我规定自己，一个月写完一本笔记本。（我总是为自己设下写作的行动纲领。）把本子填满就算，那便是练习。我的理想状况是，每天都写。我说了，那是理想状况，要是没达到理想，我会小心地不责难自己或慌张着急，没有人能事事符合理想。

我才不管笔记本页边或顶端的空白，我把整页写得满满的，我已不再是为老师或交作业而写，我是为自己而写，不必顾虑任何限制，连页边空白也不必在意，这让我得到心理上的自由和许可。而当我写作的时候，我其实是在烹饪，往往会忘掉标点符号、拼字等等。我也注意到，我的笔迹有了变化，变得较大、较松散。

学生在课堂上写作时，我常四下环顾，我看得出有哪些学生在某个片刻真的埋首其中，写在当下；他们更为投入，身体姿态也显得放松。这又和跑步一样，跑得很顺的时候，会觉得没有什么阻力，你全身上下都在运转，你和跑者融为一体。写作到真的很顺时，写作的人、纸、笔、思绪，统统都不见了。你只是写啊写的，别的事物都消失了。

写作练习的主要目的之一，就是学会信赖自己的心灵和身体，并培养耐性和不具侵略性的态度。艺术的世界何其辽阔，一首诗或一篇短篇小说根本无关紧要，重要的是写作的过程和人生。有太多作家写出伟大的著作，人却发疯、酗酒或自杀了。写作的过程教我们保持神志清明，我们在写诗和小说的同时，应设法保持心智正常。

藏传佛教大师创巴仁波切说："遭逢巨大的反对力量时，我们必须保持开放。虽然没有人鼓励我们开放，但我们仍须一层层剥开心扉。"练习写作亦当如此：我们必须保持开放，信任自己的声音和过程。到头来，如果过程良好，结果也会良好，你会写出佳作。

有位朋友曾表示，每当她准备为一张画得不错的黑白素描涂色时，总是先拿几张不怎么在意的素描练习一番，以便暖暖身。写作练习也是为你想写的其他任何东西作暖身动作；它是底线，是写作最初始、最基本的开端。你所习得对自己声音的那份信任，会从而受到导引，创造出一封商业信函、一本小说、一篇博士论文、一部剧作，或一本回忆录。然而，它也是你必须一再重拾的东西。别以为："我懂了！我知道该如何写作了！我信任自己的声音，我要着手去写伟大的美国小说了。"着手去写小说是好事，可是别停止写作练习。这是让你维持不走调，就好像舞者在跳舞以前得先暖身，或跑者在起跑前得做柔软体操一样。跑步的人不会说："喔，我昨天跑过了，身体很柔软了。"他们每天都会暖身，做伸展动作。

写作练习拥抱你整个生命，但不要求任何逻辑形式：没什么第十九章需承续第十八章的动作这回事。这是一个你可以狂野自在、无拘无束，把梦见奶奶的汤的事和窗外千奇百怪的云层糅合在一起的地方；它没有特定的走向，只与当下整个的你息息相关。把写作练习想成是一双慈爱的臂膀，让你没有逻辑、没有来由，一心只想投入。那是我们的原始森林，我们在此凝聚能量以后，才开始修剪我们的庭园，写作我们优美的书籍和小说。要持续不断地练习，不可荒废。

就是现在，请坐下，把这一刻交给我，不管此时你脑中有什么思绪，写出来。你可能从"这一刻"写起，最后却写到七年前你出嫁那一天所佩戴的栀子花。这样也行，别试图控制它。不论你脑子里涌现了什么，坚守当下这一刻，而且让你的手不停地写下去。

Composting

堆肥

自堆肥当中

溢放出一朵鲜红的郁金香

要将经验自意识中筛选出来，需要一段时间。好比说，热恋当头很难写恋爱这回事，我们失去了洞察力，光会一再地讲"我在热恋"。要描写我们搬去不久的城市也非易事，它尚未进入我们的身体。纵使我们已能开车去药房不致迷路，也不算了解我们的新家，我们尚未在那儿度过三个冬天，或看见湖上的野鸭秋去春返。海明威坐在巴黎的咖啡馆里写密歇根。"或许离开了巴黎，我可以写巴黎，就像在巴黎的时候，我可以写密歇根。我并不晓得当时犹嫌太早，我还不够了解巴黎。"[1]

我们的感官本身缺乏动力，它们接收经验，可是接下来需要借由我们的意识和整个身体做大幅的筛动一段时间，才能把这些经验筛选出来。我称此为"堆肥"。我们的身体是垃圾堆：我们收集经验，而丢掷到心灵垃圾场的蛋壳、菠菜、咖啡渣和陈年牛排骨头，腐烂分解以后，制造出氮气、热能和非常肥沃的土壤，我们的诗和故事文章便从这片沃土里开花结果。不过，这并非一蹴而就，而需假以时日。不断挖掘你生命里的有机细节，直到有些细节从杂乱无章的思绪垃圾堆里筛下来，落到坚实的黑土上。

每次有学生写了好几页文章，并在课堂上朗读时，就算他们写得并不见得很好，我仍欣赏他们探索心灵，找寻素材的过程。

---

1 出自《流动的盛宴》（A Moveable Feast），作者：海明威，出版地：纽约，出版社：Charles Scribner's Sons，出版年代：1964。——原注

我晓得他们会继续下去，不会只执迷于心血来潮式的写作，而会保持练习的过程。他们在梳理他们的心，把表层浅浅的思绪翻转过来。只要我们持续处理这个原始素材，它将以一种不流于神经质的方式，带领我们一层层更深入自我，我们将看见心灵深处那一片丰美的花园，然后以它来写作。

我通常会把想说的东西试写多次。比方说，翻开我从一九八三年八月至十二月的笔记本，你会看到我在一个月当中，好几次试图写我父亲生命垂危的事。我不断探索，堆砌那个素材。然后突如其来，不知怎的，到了十二月，当我动也不动地坐在明尼亚波利斯可颂快餐店的座椅上，关于这个主题的一首长诗径自从笔尖泉涌而出。我不吐不快的所有乖离、异质的东西，突然有了能量，结合为一体——自堆肥当中，绽放出一朵鲜红的郁金香。片桐老师说："小小的意志力成不了事，必须拿出庞大的决心。庞大的决心并不单单只有你在努力，它意味着整个宇宙都在背后支持你，与你同在——鸟儿、树木、天空、月亮，还有十方。"在堆了许多肥以后，你与星辰、当下那一刻，或饭厅天花板上的水晶吊灯，豁然结盟了，你的身体张开、说话了。

了解这个过程，可培养人的耐性，并减少焦虑。我们无法控制每件事情，连自己要写的东西也掌握不了。在此同时，我们必须保持练习，我们不能以此为不写作的借口，而坐在沙发上吃糖果。

我们必须持续堆肥,使它更肥沃,好让美丽的花朵能从沃土中绽放,并让我们的写作肌肉强健有力,在宇宙穿行而过的时候,我们可与它同游。

这份了解也有助于我们接受别人的成功,而不致变得太过贪婪。那个人只不过碰上好时机罢了。我们这辈子或下辈子也会碰上好时机。没有关系,继续练习吧。

Artistic Stability

艺术的稳定性

我很开心

我想要有人了解我

我有一大摞活页笔记本，高约五尺，最早写于一九七七年左右，那时我住在新墨西哥州道斯市，刚开始写作。我想丢弃它们，谁受得了看自己的心灵垃圾变成白纸黑字的写作练习呢？我有位朋友在新墨西哥用啤酒罐和旧轮胎盖太阳能房屋，所以，我也想要试着用废弃的活页笔记本盖一间。住在我家楼上的一位朋友讲："不要丢掉嘛。"我告诉她，如果她想要的话，那就统统送给她。

我把笔记本堆在通往她家的楼梯上，然后径自出发到内布拉斯加州的诺福克，教四天的写作班。等我回家，她满脸怪异地看着我，砰的一声猛然坐在我卧室的粉红色旧椅子上。"我整个周末都在看你的笔记。有的部分一连好几页都好私密、好可怕、好没有安全感；然后突然之间，它们都不像是你，而只是原始粗粝的能量和狂野的心。可是这会儿你在眼前，娜塔莉，你有血有肉，不过就是个人而已。这感觉好诡异。"我觉得很高兴，因为我并不在意她看到了我的真面目；我很开心，我想要有人了解我。我们对许许多多别人或自己的神话毫不在意，所以一旦有人看到我们真实的面貌，并且接纳我们，我们就会满心感谢。

她说，读我的笔记本给了她力量，因为她领悟到我真的会写"废话"，有时整本都是废话。我常告诉学生："听好，我会写，而且是一连几页都在写自怨自艾的可怕玩意儿。"但他们不相信我的话。只消读读我的笔记本，便可活生生地证明我所言不虚。我的楼上邻居说：“如果你那时可以写出那样的垃圾，而现在又可写出这种文章，这让我体会到，没有什么事是办不到的。心灵的力量如此巨大，我觉得自己像是一个很了解自个儿能力的人！”她说，她从笔记本里整篇整篇的怨言、枯燥的描绘，以及血脉偾张的怒气里，主要看到一样东西——对练习写作过程的绝对信任。“我看到你即使写出了'我一定是发神经了，才会这么做'的句子时，还是持续地写下去。”

我确实相信这个过程。新墨西哥州山丘气候干燥，我的日子枯燥乏味又漫长，道斯仅有的一家电影院一连半年都在上映《大白鲨》。我相信在生活的表层之下，或者在生活的正中央，一定存在某样真实的事物，但自己的心灵却往往让我要么昏昏欲睡，要么心有旁骛；然而我所拥有的，也就只是自己的心灵和生命，因此我开始把它们写出来。“我读着这些笔记本，越读越觉得，就是这种写作造就了今天的你，这证明了你也是个人。”

一旦你开始用这种方式来写作，也就是直截了当地抒发心声，你可能就得接受接下来五年的时间里，写出来的都会是垃圾，因为这些垃圾已累积不止五年，而且始终乐得躲藏在我们心里，不愿去面对。我们必须正视自己的惰性、缺乏安全感、自怨自艾，以及深恐自己根本没啥值得好说的那种心态。诚然，每当我们开始做一件新的事情，眼前往往会出现阻力。这会儿你有机会不去逃避或被一脚踢开，而要把这些傻乎乎的声音化为白纸黑字，面对它们，看看它们在讲些什么。一旦你的写作从这堆垃圾和堆肥里开花结果，花朵便会持续且稳定地绽放。你面对一切，不逃之夭夭，就会感觉到自己逐渐拥有艺术的稳定性。如果你不害怕自己内在的声音，也就不会畏惧别人对你的批评了。此外，那些声音只不过是护卫货真价实的宝藏的魔鬼罢了，而那货真价实的宝藏就是心灵初始的意念。

事实上，我一读以前的笔记本，就不禁觉得有点太过纵容自己，给自己太多的时间漫游在杂乱无章的思绪当中，我本该早一点停步的。然而，了解可怕的自我是件好事，不必加以赞美或苛责，只须认可就好。然后，从这份认知当中，我们有了更好的准备，能够选择美、宽厚体恤的心和澄澈的真理。我们脚踏实地做出这个选择，而不是背负着恐惧，四处乱窜地寻找着美。

A list of Topics for
        Writing Practice

列张写作练习的题目表

我将在巴黎死去

在一个雨天…… 特是一个星期四

有时我们坐下来预备写作，却想不出写什么才好。那一页的空白看来可能挺碍眼，一连十分钟都在反复练写"我想不出来要说什么。我想不出来要说什么"，也真是件挺烦人的事。不妨在笔记本里留下一页，一想到什么写作的构想或题目，便赶快记在这一页上。那可能仅仅是你听到的一句话，比方说，有回我在一家餐厅向一位侍者埋怨另一位的不是，他回答："我晓得他这个人挺怪的，不过呢，要是有人喜欢随着不同的节奏跳舞，我说：'就让他们跳吧。'"也可能是一闪而过的回忆：祖父的假牙；去年你不在的时候，紫丁香闻起来如何；八岁时穿着双色便鞋的你。什么都有可能，每次一想到什么，就加进题目表上。下一回当你坐下来准备写作时，便可从表上随便抓个题目开始写。

列表是有好处的，会让你处处留心日常生活中的写作素材，而你的写作便展现出你和生活和生活肌理之间的关系。堆肥的过程如是展开，你的身体开始消化翻转你的素材，因此，即使在你并未真正坐在桌前写作之时，仍有部分的你在耙土、施肥、吸收太阳热能，为写作这株墨绿色植物的成长作种种准备。

坐下写作时，如果花太多时间思考要怎么开头，你那颗不安分的心可能会在众多题目当中东转西转，始终无法在纸上写下一个字。因此，题目表也有助于你加速启动写作，减少阻力。自然的，一旦开始写，你的心灵对题目的反应可能会让你颇感讶异。这是件好事，不要设法管控你的笔写什么；别干预，让你的手不停地写下去。

在你尚未列出题目表前，这里有些写作构想可供参考：

1.说说透窗而来的光线质感，赶快写，就算现在是晚上，窗帘都拉起来了，还是说你宁可写北边的光都无所谓，写就是了。写十分钟、一刻钟或一个小时。

2.从"我记得"写起，写很多细微的往事。如果陷入庞大的回忆里，就写那个，一直写下去，别管那段往事是发生在五秒钟以前，还是五年以前。在你写作时，只要不是当下发生的事，就是复苏的往事。如果僵在原处写不下去时，就重写一遍"我记得"，然后继续写下去。

3.选一样给你感受强烈的事物，不管感受是正面还是负面的，把它当成是你热爱的事物写写看。用热爱的心态，能写多久便写多久。然后整个推翻，把同一样事物当成是你痛恨的东西写写看。最后不带好恶，以完全中立的心态写一遍。

4.选一个颜色，比方粉红，然后出门散步一刻钟，一路上留心所有粉红色的人事物，回家打开笔记本写一刻钟。

5.在不同的地点写作，如在自助洗衣店，随着洗衣机转动的节奏写。在公交车站、咖啡馆写，写下你周遭所发生的事。

6.告诉我你早上做了什么：吃早餐、醒来、走到公交车站。描述得尽量明确，放慢脑子转动的速度，重新审视一早上的细枝末节。

7. 回想你真心喜爱的某个地方，想象自己就在那里，环顾周遭的细节，一一写下来。可能是卧室的一角、整整一个夏天你曾闲坐其下的一棵老树、家附近一间麦当劳的某张桌子，或是河畔某处。那儿有什么样的颜色、声音和气味？当别人读到这篇文字时，应该能了解置身在那里的滋味；应该能感受到你有多么喜爱那个地方，并不是因为你说了你很喜欢，而是从你处理细节的方式看出端倪。

8. 写关于"离开"，随便你想用哪种方法写都行。写你离婚、今天早上离开家门，或朋友即将不久于人世的事。

9. 你最初的记忆是什么？

10. 哪些是你曾爱过的人？

11. 写你居住城市的大街小巷。

12. 描绘祖父或祖母。

13. 写写看：

游泳

星星

你最害怕的一次经历

绿地

你如何知道有关性的事

你的第一次性经验

感到与神或大自然最接近的一次经验

改变你的人生的文章或书籍

肉体的耐力

你以前的一位老师

别沦于抽象，把真实的东西写出来，诚实地写，并写出细节。

14. 拿本诗集，随意翻开一页，抓一行抄下来，就从这一句开始写。有位朋友称这方法为"离页书写"。从一行伟大的文字写起是颇有助益的事，因为你是从巍然之处着手。"我将在巴黎死去，在一个雨天……将是一个星期四，"诗人塞萨尔·巴列霍[1]写道，"我将在星期一的十一点钟死亡；星期五的三点钟，在南达科他州驾驶牵引机，在布鲁克林坐在一家小吃铺里。"[2]等等。每次文思堵塞，就回头重写第一行句子，而后继续写下去便可。重写第一行会使你有个全新的开始，有机会走到另一个方向——"我不想死，而且我才不在乎我是在巴黎、莫斯科，或俄亥俄州的洋斯城。"

15. 你是哪种动物？你是否觉得骨子里自己其实是只牛、花栗鼠、狐狸，还是马？

搜集你的写作素材和题目，这是很好的练习。

1　塞萨尔·巴列霍 (Cesar Vallejo, 1892~1938)，秘鲁诗人。

2　出自《黑石躺在白石上》(Black Stone Lying on a White Stone)，选自《聂鲁达与巴列霍》(Neruda and Vallejo)，编辑：罗伯·布莱 (Robert Bly)，出版地：波士顿，出版社：Beacon Press，出版年代：1971。——原注

Fighting Tofu

打豆腐

说话时便说话

行走时便行走

死亡时便死亡

纪律始终是个残酷的字眼。我一直以为，纪律能打败而降服我懒散的那一部分，可是从来就不管用。独裁者和抵抗者依然缠斗不休。

"我不想写。"

"你给我写。"

"等一下再写，我好累。"

"现在就写。"

于是，我的笔记本始终一片空白，这是自我必须不断抗争的另一种方式。片桐老师说得好："打豆腐。"豆腐乃是黄豆做成的酪状食物，质地细密、味道温和、外观洁白。和豆腐搏斗是件徒劳无功的事，只是白费力气。

如果你内心的多个角色想打架的话，就让他们打吧。在此同时，你内在神志清楚的那一部分应该悄悄地挺身而出，拿出笔记本，从比较深沉、比较宁静的地方写起。可惜的是，那两个打架的人常常跟着你来到笔记本旁边，他们毕竟活在你的脑袋里，我们可没办法把他们留在后院、地下室或托儿所。因此，你可能需要给他们五或十分钟在你的笔记本上发言。就让他们写吧。妙的是，当你给这些声音写作的空间时，他们的怨言很快就变得枯燥乏味，让人烦腻。

那只不过是一种反抗而已，自我可是很有创意的，且能设想出诡诈至极的反抗伎俩。我有位朋友前阵子开始写她的第一本小说，据她讲，坐在打字机前的头十分钟，她就只是在写自己是个多烂的作家，竟然还妄想写小说，真是愚蠢至极。随后她会抽出那张稿纸，将之撕碎，然后开始从事手头的工作——小说的下一章。

必须想出办法让自己动笔，否则，洗碗盘或随便什么能让你规避写作的事情，都会变成天底下最重要的大事。总之，闭嘴，坐下，写，就对了。这样做很痛苦，但写作是很单纯、基本且严苛的事，没什么有意思的小玩意儿能使它变得好玩一点。我们狂躁乱窜的心宁可坐在宜人的餐厅里，向朋友倾诉我们抗拒写作的事，或到心理治疗师那里，寻求解决我们在写作上碰到的僵局。我们喜欢把单纯的事复杂化。有段禅语说："说话时便说话，行走时便行走，死亡时便死亡。"该写作时便写作，别让自己和内疚、控诉及暴力的威胁战斗。

不过，讲完上述这些以后，我要告诉你几个我曾用来轻轻推自己一把的小计策。

1. 我有好一阵子一个字也没写，于是我打电话给一位文友，约好一周之后同她见面，接着回去工作。我非得写出点东西来给她看不可。

2. 我教写作班，必须把交代学生做的作业也写出来。我可不是在写了好多年以后，才开始教写作。十年前我住在道斯，当时那儿没有多少作家。我需要文友，因此召集了一个女性写作小组。我一面教导她们，一面学写作。印度瑜伽行者巴巴·哈里·达斯（Baba Hari Dass）说："因为要学，所以教。"

3. 一早醒来以后，我会说："好，娜塔莉，早上十点以前，你爱干吗就干吗。一到十点，手就得握着笔。"我给自己若干空间和外在的限制。

4. 一早醒来，并不多想，梳洗完毕，和人交谈，然后直接走到桌前，开始写。

5. 过去两个月以来，白天我都在教课，一周五天。回到家后，筋疲力尽，很不情愿写作。离我家三条街外有间很棒的可颂店，有最美味的手制巧克力碎粒饼干，一片才美金三毛钱。他们也听任你坐在店里写东西，坐多久都行。工作后回家一个小时左右，我告诉自己："好，娜塔莉，如果你去可颂快餐店写上一个小时，就可以吃两片巧克力碎粒饼干。"通常，不到一刻钟我就出门了，因为巧克力是我的驱策动力之一。有个问题是：一到周五，我便放大胆子吃上四片，而不是平日限定的两片，但只要能让我写作就好。通常，一旦我奋笔疾书，写得痛快时，写作本身便是最大的报偿。

6. 我设法一个月写满一本笔记本，不重质只重量——写完满满一本笔记本，就算写的是垃圾也无所谓。要是今天已是这个月的二十五号了，而我只写了五页，到月底前尚有七十几页得填满，那么接下来五天，我可得写上一大堆了。

不妨使出各式各样无伤大雅的小伎俩，只是别陷入无止境的罪恶感、逃避和压力的恶性循环里。该写的时候到了，就写吧！

Trouble With the Editor

烦人的编辑

衣服终究会晒干

远方的某个人

会把它们叠好并收进屋里

习作时，应该将创作者和编辑，亦即内部检查员分开来。这很重要，因为如此一来，创作者才能享有呼吸、探索和表达的自由空间。要是编辑喋喋不休，烦死人了，而且你也无法将这个声音和创作的声音区隔开来，那么一有需要的时候，干脆坐下，写出编辑的意见，让这家伙畅所欲言——"你是个大笨蛋，谁讲过你能写啊，我讨厌你的作品，烂透了，光看都觉得丢脸。你讲的都是没价值的玩意儿，而且呀，你连拼字也拼不好……"这听来是不是蛮耳熟的？

你越了解编辑，便越能置之不理。就像醉醺醺的老糊涂在那儿咕咕哝哝，要不了多久，编辑的声音就会变成背景传来的若有若无的闲谈声。别听信那些空洞无意义的话，这样只会壮大其势力。倘若那声音说："你很乏味。"而你听信这话，停笔不写，便会助长编辑的威信。那个声音晓得"乏味"二字会使你呆立原地，无法举步向前，因此你经常会听见自己用此二字嫌弃自个儿写的东西。把"你很乏味"当成远处微风吹动洗好的白衣服所发出的啪啪声。衣服终究会晒干，远方的某个人会把它们叠好并收进屋里。在此同时，你也将继续埋首写作。

Elkton, Minnesota:
Whatever's in Front of you

明尼苏达州埃尔克顿：
不论眼前是什么

我是乌鸦之翼.

远走他方.

不会归来

我走进明尼苏达州埃尔克顿（Elkton）的教室，时值四月初，学校四周的田野湿湿的，地还没犁，也尚未播种，天空一片深灰。当我听说拼字课上教了"拉比"（rabbis，犹太教经师）这个字眼后，我告诉这二十五位八年级学生，我是犹太人。他们从来没有见过犹太人，我明白自己接下来一个小时的所有言行举止都代表着"犹太人"。我一边啃着苹果，一边进教室：这下子，所有的犹太人都吃苹果了。我告诉他们，自己从来没住过小城镇：这下子，从来没有哪个犹太人住过乡下了。一位学生问我认不认识住过集中营的人；我们讨论德国人，许多学生有德国血统。

他们都很亲切热情，而且带着敏感脆弱的气质，惹人爱怜。他们知道自己喝的水是从哪口井打上来的，知道两年前离家出走的猫咪不会回来，也知道跑步时发丝扑打脑袋瓜时的感觉。我不必告诉他们任何写诗的规则，他们原就住在诗乡，紧贴着众生万物。于是我问他们："你们从何处来？是谁？是什么塑造了你们？"我告诉他们，我是城里人，可是我也熟悉田野。写作时，你可以无所不知；你可以身在此处，却对纽约的马路知之甚明；你可以把其他生命的一部分纳入自身："我是乌鸦之翼，远走他方，不会归来。"

这便是激发写作的一个方法。走进教室之前，我并未预作计划。我试着活在当下，无所畏惧，开放心灵，当下的状态自会提供主题。我晓得，不论我到哪里，皆是如此，这个小伎俩让你永远心灵开放。

换做是在曼哈顿下城区的一所市区学校，我可能会准备好各式各样现成的写作练习题，因为我心里会比较恐惧。谁叫我从小生长在纽约，听过各种故事。这将是每个人的损失，我的损失尤其大。心里一害怕，写作便会受影响，因而失真。"但是你有怕的理由啊！"错了，是先入为主的成见让人心存恐惧。

我在一九七〇年大学毕业之初，曾在底特律担任公立学校的代课老师。在那之前发生过种族暴动，学生之间散发出一种强烈的黑人权利（black power）情绪。当时我很天真，刚搬到底特律不久，觉得每件事物都新鲜，对什么都保持开放态度。记得有一回我被派至一所全是黑人学生的中学当英文代课教师。我心想："棒极了。"我大学主修的便是英文。我揣着我那本封皮破破烂烂的《诺顿英国文学选》，开车教书去。上课铃声响了，那班十一年级的学生走进教室——"嗨，小姑娘，你来这儿干吗？"他们显然不会乖乖坐好，可是我并不在意。这堂是英文课，而且我热爱文学。"听我讲，先别急，我想和你们分享这几首我很喜欢的诗。"我对他们朗读我最爱的诗——杰拉德·曼利·霍普金斯的《神之华》，大学时代我常大声朗诵这首诗，惹得室友们怨声载道。我用同样的力气向底特律那班英文课学生朗读，读完以后，全班鸦雀无声。接着有位学生抓了本蓝斯顿·休斯[1]的诗集，推过来给我，说："念念这些。"

1　蓝斯顿·休斯（Langston Hughes, 1902~1967），美国黑人诗人、作家。

整整五十分钟，我们大声朗读学生想听的黑人诗作。

作家每回提笔写作时，都要把它当成是自己的第一次。埃尔克顿的一位教师把我请到一边，说："注意看课桌底下，地板上的泥土都是他们的鞋子踩出来的。这是个好征兆，意味着春天来了。"我破天荒头一回惊叹不已地看着课桌下。

如何激发写作构想，亦即要写的东西呢？凡是在你眼前的，不论是什么，都是一个好的开始。然后走出去，到大街小巷，任何地方都可以去，把你知道的都告诉我。就算你无法证明或者尚未下苦功钻研你所知的事物，都无所谓。我熟悉埃尔克顿四周的田野，因为我是这么说的，而且我想永远徜徉其间。即使这个永远指的可能只是你以驻校诗人、牵引机推销员或西行旅人的身份，在那儿待一个星期，也不必在意。用你的写作占有你想要的任何事物，然后放手，任其离去。

Tap the Water Table

汲取地下水

如许之多
都仰仗
一辆红色的独轮
手推车

别担心自己的才华或能力不足：持之以恒地练习，才华便会有所增长。片桐老师说："能力好比是地表底下的水。"无人拥有这水，然而你可以汲取。你努力下功夫汲取，它终将归你使用。所以，只管不断练习写作，一旦你学会信任自己的心声，便得引导这声音。想要写小说，就写小说；假如你想写的是散文和短篇小说，那就写这两样。在写作过程中，你将学会如何写作。你会信心满满，相信自己终将身怀所需的绝技和手艺。

然而，人们却往往怀抱着贫乏的心态开始写作；他们心灵空虚，跑去请教老师、去上课学写作。我们借着写来学写作，事情就是这么简单。求之于外，去找我们以为是写作专家的人，反而是学不会写作的。我有位可爱的胖子朋友，一度决心要开始做运动。他到书店去找本书，好参考阅读一下！但光是读有关运动的书减轻不了体重，得实际做运动才能减肥。

公立学校有一点很可怕，那就是他们招收原是天生诗人和故事写手的年轻孩子，让他们读文学作品，然后抽身站到一边，谈起"有关"文学的话题。

独轮手推车　　威廉·卡洛斯·威廉姆斯 作

如许之多

都仰仗

一辆红色独轮

手推车

沾着雨水

闪闪发光

就在白色的

鸡的旁边 [1]

"诗人所谓的'红色独轮手推车'代表什么意思？他指的是夕阳吗？是马车吗？它又为什么'沾着雨水闪闪发光'呢？"一大堆问题。他所指的，就是辆独轮手推车而已；车是红的，因为它就是红的，而且天刚刚才下了雨。很多都仰仗着它，因为诗乃是启蒙觉悟的氛围时刻——在那一瞬间，那辆手推车以它本有的模样唤醒了威廉姆斯，它代表了一切。

一般在教诗的时候，都弄得好像诗人在文字当中藏了一把秘密钥匙，读者的职责便是要找出这把钥匙。诗并不是推理小说。我们应当尽量贴近作品本身，学着按照诗人所描述的，精确地唤回诗的意象和文句。别远离作品的温暖与热力，光是谈论"关于"作品的话题；紧靠它们，如此便能学会如何写作。始终紧靠原创的作品，紧靠着你具有原创力的心灵，从那儿写起。

1　出自《威廉姆斯早期诗作选》(The Collected Earlier Poems)，作者：威廉·卡洛斯·威廉姆斯（William Carlos Williams），出版地：纽约，出版社：New Directions，出版年代：1938。——原注

We Are Not the Poem

我们并不是诗

那些诗

已经不再具有任何危险的成分.

空气里已不再有电光火花.

　　问题在于，我们以为我们活着；我们以为我们的言语字句是永恒坚实的，将永远铭刻在我们身上。错了，我们写在当下，写作只是那一瞬间的事。有时我在朗读会上读诗给陌生人听时，领悟到他们以为那些诗就是我。然而，即使我以第一人称念诗，它们仍然不是我，而是我的思绪，是我的手，是我写作当时的空间和情绪。留心观察自己，我们分分秒秒都在变动。这是一个很好的契机，我们随时都可以从凝冻的自我和意念中抽离出来，作全新的出发。写作便是如此，它并不会冻结我们，反而解放了我们。

　　把某样事物记述下来——叙说自己对前夫、对旧鞋子的感觉，或关于在迈阿密的一个阴天早晨吃到一份奶酪三明治的回忆——就在那一刻，你写出的文字终于和你内心所感联结在一起；就在那一刻，你获得解放，因为你已不再与你的内心争斗；你已接受它们，与它们为伴。我有首诗，诗名叫做《无望》，那是一首长诗。我总认为那是一首喜悦的诗，因为我借以写出了沮丧和空虚，从而让我重拾生机且一无所惧。然而，当我朗读这首诗时，读者却表示："好悲哀。"我试着说明，可是没有人听进去。

　　我们必须记住，我们并不是诗。别人要怎么反应都行；而如果你写的是诗，可能根本不会有反应，对这一点要有心理准备。不过，这样也没有关系。力量始终存在于写作的行动当中，必须一次又一次，不断地回到写作，别因他人欣赏你的诗而昏了头。

受到欣赏固然令人陶然，然而大众接着会要你一再地朗读他们最喜欢的那几首诗，直到你厌烦为止。作些好诗，随即放手不管；出版这些诗，朗读一下，然后继续写作。

我还记得高尔韦·金内尔[1]在他的杰作《梦魇书》（Book of Nightmares）刚出版时的神采。那是个星期四下午，在安娜堡，我当时尚未听说过他，连他的名字该如何发音都搞不清楚。他吟唱着那些诗；这些诗刚完成不久，他仍为之兴奋，而且有很大的成就感。六年后，我在新墨西哥州圣塔菲（Santa Fe）的圣若望再次听到他朗读那本诗集。在那六年当中，他不知道已念过那些诗多少次，他已倒尽胃口。他照本宣科，匆匆念完之后，放下诗集，说："酒会在哪儿举行？"对他而言，那些诗已经不再具有任何危险的成分，空气里已不再有电光火花。

和你的诗作冻结在一起、因某几首诗而大获激赏是件痛苦的事。真正的生命存在于写作当中，而非经年累月一再朗读同样的几首诗。我们不断地需要新的洞察和观点，我们生活的世界也非一成不变。你无法在一首诗里便挖掘出永恒不变、一辈子都能让你满意的真理。别太强烈地认同自己的作品，应该在那些白纸黑字的背后保持流动的弹性。那些文字并不是你，而是贯穿你全身的某个伟大片刻；是你趁着脑子够清醒，而得以写下并捕捉到的一个片刻。

1 高尔韦·金内尔（Galway Kinnell, 1927~），美国当代诗人。

Man Eats Car

人吃车

把蚊蚁看成是大象

把男人视为女人

　　数年前报上登了一篇文章——我并没读到这篇文章，而是听人转述的——在印度有位瑜伽行者吃下了一辆汽车。并不是一下子吃掉一辆车，而是在一年期间，慢慢吃完。说真的，我挺喜欢这一类故事。他的体重增加了多少？他当时几岁？牙齿俱全，一颗不少吗？连化油器、方向盘和收音机都吃下肚了吗？车子是哪个牌子？他有没有把汽油一并喝下？

　　我把这故事讲给明尼苏达州欧瓦托纳（Owatonna）的三年级小学生听。他们席地坐在我跟前的蓝色地毯上，神情迷惘，开口提出那个至为明显的问题：“他为什么要吃车子呀？”接着表示：“好恶心！”可是有个发丝刚硬直竖的棕眼学生，却只是盯着我瞧，然后爆笑出声，我也跟着大笑起来。这个小学生将是我一辈子的好朋友。真是太棒啦！有个家伙吃下了一辆汽车耶！这件事打从头就不讲逻辑，根本就是荒唐。

　　就某种程度而言，我们写作就该当如此。不要问“为什么”，不要在糖果堆（或火花塞）中精挑细选，而应贪得无厌，让我们的心灵吞食一切，然后使出浑身解数将它们吐在纸上。我们不该想“这是个写作的好题材”，或“我们不应当谈这个”，而应该百无禁忌，无所羁绊。写作、生活和心灵是一体的，不可分割。如果你的思想空间够大，能够任凭别人吃汽车，那么你也能把蚂蚁看成是大象，把男人视为女人。你将能看穿洞悉所有的形体，如此一来，所有的分野都将消失。

这便是隐喻（metaphor）。隐喻并不是说一只蚂蚁好像一头大象。或许吧，它们毕竟都是活生生的生命。但不是这样的，隐喻是在讲，蚂蚁就是大象。逻辑上来讲，我自然明白两者是不同的。假如你把大象和蚂蚁放在我面前，我相信每一次我都能正确地指认出大象和蚂蚁。因此，隐喻必定来自和注重逻辑的知性脑袋截然不同的地方；它来自英勇无畏之处，敢于摆脱我们先入为主的成见，充分对外开放，因而看得出蚂蚁和大象之间的相同点。

不过，别为隐喻担心，别想"我得写几个隐喻，这样才有文学意味"。首先，别想着要有文学意味，隐喻是无法勉强得来的。要是你在写作时，彻头彻尾都不相信大象和蚂蚁是一样的，那么在你笔下便会显得很矫情。要是你彻头彻尾相信这件事，那么可能有人会以为你是神经病。不过，宁可被当成神经病，也不要流于矫情。然而，该如何促使你的心相信这件事而写下隐喻呢？

别促使你的心做任何事，只要撇开成见，记录下你脑中源源不绝的思绪就行了。写作练习会软化感情和理性，有助于我们保持弹性，从而让苹果和牛奶、老虎和芹菜之间泾渭分明的界限消逝无踪；我们可以穿透月光，直接钻进熊的身体里。只要跟着思绪走，便会自然而然地飞跃起来，因为人的思想往往会即兴自然地大步跳跃。这一点你是晓得的。人的脑袋无法长时间只保有一个思绪，一个念头还没消失，另一个又冒出来了。

你的心在跳跃，你的写作也会跳跃，但这不是人力勉强为之的。写作反映出初始意念的本质，亦即我们不带成见，只重根本原则地观察这世界的方式。我们全都联结在一起了。隐喻明白这一点，因此带有宗教意味。蚂蚁和大象之间并无分野，一切界限都消失了，仿佛我们正凝视着雨丝，或眯眼看着城市的灯火。

Writing Is Not
    a McDonald's Hamburger

写作不是麦当劳汉堡

那是一股想在这世上

找到一个位子

想要朋友的能量

有时我会碰到一开始便优秀得不得了的学生，这会儿我脑子里就有这么一位。他念自己的作品时，空气中带着电光火花；他常一边念，一边发抖。写作的过程将他撕裂开来；他能够叙说十四岁那年在精神病院的经历、服食迷幻药后颠踬走在明尼亚波里街上的事，还有在旧金山坐在亲兄弟尸体旁的感受。他说多年来一直想写作，别人也说他是块当作家的料，可是只要他一坐下来要写东西，便无法将心里的感受化为纸上的字句。

那是因为他在打开稿纸以前，对于想说什么已存有定见。当然啦，你大可坐下，想要讲件事情。可是，你必须从内心深处将这想法表达出来，使它跃然纸上。别抓得太紧，使之应其所需释放出来，而不要试图去控制。诚然，那些经验、回忆和感受都蕴藏在我们心里，可是你不能像厨师从烤炉拿出比萨般，要把胸中块垒全部倾注在纸上。

写作时，把一切都放开，设法用简单的文字起个简单的头，表达内心深处的想法。一开始并不会很顺利，但就算力不从心也无所谓，你正在剥除自己一层层的外衣，正在暴露自己的生命；那并不是你的自我想要呈现于外的形象，却是你作为一个人的真实样貌。正因为如此，我认为写作带有宗教意味；它将你撕裂开来，并软化你对这个尘世的心胸。

如今，每当我脾气暴躁、心情恶劣、不满、悲观、消极、觉得什么都不对劲时，我会意识到这些都是当下的感觉。我晓得感觉会改变，我晓得那是一股想在这世上找到一个位子、想要朋友的能量。

然而，你的确会有想写的题材——"我想写我在旧金山过世的兄弟"——可是，下笔时不要只带着你的理性和想法，而该用你的全身心去写——用你的心、胆识和双臂；用如同禽兽在痛苦哀嚎般的笨拙粗糙文笔开始写，你自会找到你的智慧、言语和声音。

常有人讲："我独自走在路上（或开车、购物、慢跑），脑子里浮现了一整首诗，可是等我坐下，打算写出来时，却怎么也写不好。"我也一样。伏案写作是另一个活动。把走路、慢跑，还有你脑子里当时想到的那首诗放开。现在是不同的时刻，该写不同的诗。你或可偷偷期望前不久想到的东西会再跑出来，不过你必须放任字句自然浮现，不可勉强。

前面提到的这位学生，写作兴趣大发，因此马上想试着写本书。我告诉他："慢慢来，先让自己写一阵子，熟悉一下写作是怎么回事再说。"写作是一辈子的事，并且需要做很多很多练习。我了解他为何迫不及待，我们往往想要让自己以为正在做件有用的事、去某个地方、完成某个目标——"我正在写一本书"。

决定书写大块文章前，先给自己一些空间。学会信任你自己声音所拥有的力量，自然而然的，它会展开方向和需要，但这与你想达成某个目标的那种需要来自不同之处。写作并不是麦当劳汉堡，写作必须慢火细炖，而且一开头时，你根本说不准烧出来的会是一顿烤肉、一桌盛宴，或是一块羔羊肉排。

Obsessions

迷恋

在一切灰飞烟灭前

记录下移居美国的那些

第一代戈德堡家人的历史

每隔一阵子，我便会写张单子列出让我迷恋的事物。有些迷恋改变了，不过老是会有更多让我迷恋的项目，还有些则幸好已被抛到脑后。

作家到头来免不了都在写令他们迷恋的事物，是那些他们无法抛开、无法忘怀的事物；是他们藏在身体里面，等着要倾吐的故事。

我请我的写作班学生列出令他们迷恋的事物，好让他们看出自己在没清醒的时候，无意识地（和有意识地）在想些什么。列出单子以后，便可善加利用，这下子你就有张写作素材表了。何况，最让你迷恋的事物是很有力量的，它们是你将一再重复写个不停的东西，你将围绕着它们写出新的故事。因此，你最好向它们屈服吧。你情愿也好，不情愿也罢，它们都很可能会接管你的生命，所以你应当让它们为你服务。

我的犹太家族是令我迷恋的主题之一。每隔一段时日，我便认定对自个儿的家人已经写得够多了，我可不想让别人以为我是个离不开妈妈的小姑娘，世上还有好多素材值得写呢。世上的确还有其他的题材，它们也会自然浮现，可是当我有意识地决定不再写家人时，这种压制的行动似乎也压制了其他所有的东西，这纯粹是因为我正在消耗很大的能量来躲避一样事物。

这就像决定要节食，一旦下了这个决心，食物便仿佛成为世上唯一真实的东西，不论我是在开车、跑过一条街，还是在写记事本，种种行为都变成在逃避我突然之间真正想要的一样东西的方法。对我来说，让食物和饥饿在生命中都占有一点空间，成效会比较好，然而不可太过，以免自暴自弃，一口气吞下十二片甜饼干。

书写家人也是同样的情形。我索性花好几页的篇幅来写他们，这么一来，他们便能在"迷恋会堂"里占有一席之地，从而也让我能挪出空间写其他题材。企图压制他们，他们反而会出现在我写的每首小镇之诗的角落边上——即使是艾奥瓦州的某位农妇，听来也像马上要去烙犹太煎饼啦。

有个正在戒酒的人曾告诉我，酒鬼一到了派对上，总晓得酒摆在哪儿、有多少酒、他们已经喝了多少，以及下一轮要到哪儿去喝。我一直不怎么爱喝酒，但我知道自己很爱吃巧克力。听过酒鬼的行为模式后，我开始自我观察。第二天我到朋友家，他的室友正在烤巧克力布朗尼。布朗尼还没出炉，我们就得出门去看电影。我察觉到，整场电影从头到尾，我都在想着那些布朗尼；我迫不及待想赶回去吃上一块。电影散场后，碰巧遇到几位朋友，他们建议大伙儿找个地方聊聊。我看见自己变得惊慌失措：我想吃那些布朗尼。我随便编了个借口，说明我们为何得先赶回朋友家，才能再进行当晚其他活动。

人往往受不可抗拒的冲动所左右，或许只有我是这样。不过迷恋似乎是很有威力的，要驾驭那股威力。我晓得我大多数的文友都迷恋写作，那股迷恋和巧克力的魔力并无两样，不管手头上正在忙什么，我们总是念念不忘该提笔写作了。这可不好玩。艺术家的日子并不优哉，除非埋首锻炼你的艺术，否则你一辈子都不会自由。不过依我看，埋首创作总好过喝一缸子酒或塞下一大堆巧克力吧。我时常在纳闷，所有那些有酗酒问题的作家，之所以贪杯嗜酒，是因为当时他们没在写作呢，还是因为他们写不出东西来？造成他们喝酒的原因并不在于他们是作家，而在于他们是没有在写作的作家。

做个写作人和提笔写作带给人自由的感受，写作使你得以履行自己的职责。我原本以为自由代表为所欲为。自由其实意味着知道自己是谁，在这世上应当做些什么，然后切实地去完成自己的责任；自由并不是叫你转移目标，想着自己不应当再写你的犹太家人。然而，在一切灰飞烟灭前，记录下移居美国的那些第一代戈德堡家人的历史，记录他们当年在布鲁克林、长岛、迈阿密海滩的往事，就是你该扮演的生命角色。

片桐老师说道："可怜的艺术家啊，他们活得很难受。他们完成了一件杰作还不满意，还想继续再做另一件作品。"的确如此，不过，假如你的心蠢蠢欲动，与其开始喝酒，变成酒鬼，或者吃掉一磅可口的奶油软糖，变成大胖子，还是继续创作比较好。

所以说，不见得所有令人迷恋的事物都不好，执着于谋求和平便是好事。不过，也得保持安宁平和才对，不要光想不做。迷恋写作是好事，不过得动手写才行，不要扭曲了这股欲望而沦落酒乡。迷恋巧克力则不是好事，这一点我明白，它有害健康，而且不像和平与写作，巧克力对这个世界并无助益。

曾因描写萨尔瓦多的《我们之间的国度》(The Country Between Us) 一书而获得"拉蒙诗奖"(Lamont Poetry Award) 的诗人卡洛琳·佛雪[1]说道："改变你内心最深处的迷恋，成为政治性作家。"这话有道理，你光是想着该写有关政治的事，并不能真正写出政治，只会写出烂诗。应该开始关心政治、阅读相关文字、谈论政治，而且别去管这样对你的写作会有何影响。当政治变成令你迷恋的事，自然而然的，你就会写政治了。

1　卡洛琳·佛雪 (Carolyn Forché, 1950~)，美国当代女诗人，诗作富含政治性。

Original Detail

原创的细节

我置身一场婚礼

新娘穿着蓝色礼服

新郎戴了朱红色康乃馨

本章篇幅虽短，却很重要：在你的写作中采用原创的细节。生活何其丰富，只要能写下过往和当前的种种真实生活细节，你便不大需要别的东西了。就算把你在纽约光顾过的艾罗酒馆的装潢，好比斜窗、缓缓旋转的"莱茵黄金"啤酒广告牌、"怀斯"洋芋片货架，以及红色高脚椅，统统搬进一则发生在不同时空背景的短篇小说里，用来描写故事中的酒吧，小说一样会看来头头是道、有凭有据。"哎呀，不行，那间酒吧是在长岛耶，我不能把它搬到新泽西。"你当然可以，不必太过拘泥于原创的细节。虽说人的想象力足可移植细节，然而运用你确实知晓，而且亲眼看过的细节，会让你笔下的文字更真实可信，从而奠定扎实的基础，让你得以从这里开始写起。

要是你刚在闷热的八月天到过新奥尔良，曾坐在圣查尔斯大道的木兰酒吧里吸吮小龙虾的虾脑，那么一月份某晚发生在克里夫兰的一篇小说里，自然不宜安排这个手腕粗大的角色在当地酒吧里做同样的事情。这样是行不通的，当然啦，除非你打算朝超现实的方向写，在那里，一切的界限都逐渐溶解消失。

留心周遭的种种细节，但自我意识不要太强。"好的，我置身一场婚礼，新娘穿着蓝色礼服，新郎戴了朵红色康乃馨；正在上菜，上的是垫了花边纸的肝泥。"放轻松，享受婚礼的喜气，以开放的心情活在当下。你会自然而然地融入所处的环境，稍后，当你伏案写作时，自会记起和新娘的红发母亲共舞的情景，看到她露齿而笑时，门牙上红色唇膏的印子，并且闻到她身上混杂着汗味的香水气味。

The Power of Detail

细节的力量

我们在世上度过许多寒冬

经历无数艰苦.

心都一直在跳动着

我正在明尼苏达州欧瓦托纳的科士达巧克力店里，对面坐着我的一位朋友。我们刚吃完希腊色拉，正埋首在笔记本上写作，要写半个钟头；桌上还有两杯水、一杯喝了一半的可乐，以及一杯掺了牛奶的咖啡。店里的雅座是橘红色的，靠近前方柜台处，摆放了一排排的巧克力糖衣奶油软糖。马路对面是路易斯·苏利文（Louis Sullivan）设计的欧瓦托纳银行，苏利文则是弗兰克·劳埃德·赖特 [1] 的老师。银行里头有幅巨大的乳牛壁画和美丽的彩绘玻璃窗。

我们的生活既平凡又奇妙。我们都逃不过生老病死，有人虽垂垂老矣，却依然美丽，有人则满脸是皱纹。我们早上醒来，去买黄色奶酪，希望口袋里的钱足够付账。在此同时，我们都有颗神奇的心，我们在世上度过许多寒冬，经历无数愁苦，心都一直在跳动着。我们都是重要的，我们的生活也是重要的。说实在的，生活真的很神奇，生活的种种细节都值得一记。这是作家所必须怀有的思考，是我们握着笔坐下时所必须写下的。我们在这儿，我们是人，我们就是这么活着。让所有人都知道，世界在我们眼前流转。我们的细节是重要的，否则，如果它们根本不重要的话，就算丢下一枚炸弹也无关紧要。

1　弗兰克·劳埃德·赖特（Frank Lloyd Wright, 1867~1959），美国建筑大师。

耶路撒冷有座纪念犹太人遭纳粹屠杀的"大屠杀纪念馆"（Yad Vashem），里面的一整座图书馆将遇害的六百万人名字编成目录。图书馆里不仅有这些人的姓名，还记录了他们的生日、居住地，把一切查得出来的资料皆搜罗齐全。这些人曾经活过，他们举足轻重。"Yad Vashem"的意思，其实就是"名字纪念馆"。惨遭屠杀的，并不是无名无姓的群众，他们都曾是有血有肉的人。

同样的，在华盛顿特区有座越战纪念馆，里面详列了在越战捐躯的美军的名字，共有五万个，包括中间名字在内的完整姓名。一群有名有姓、有血有肉的人被杀死了，世上再也没有他们呼吸的气息。其中有个人，名叫唐诺·米勒，是我小学二年级的同学。他在他的每一本数学作业本的边缘空白处，画满了坦克车、士兵和船舰。睹其名思其人。我们一辈子都背负着一个名字，课堂上点到这个名字时，我们会喊"有"；毕业典礼上听见喊名，或在夜里听见有人低唤我们的名字时，我们都会有所回应。

说出我们的姓名、我们住过的地名，写下我们生活中的细节，凡此种种皆有重要意义。"我住过阿布奎基的煤街（Coal Street），住家旁边有间修车厂。我常拎着装着蔬果杂货的纸袋，走在铅大道（Lead Avenue）上。那年早春，有个人种下了甜菜，我望着红色／绿色的叶子慢慢长出来。"

我们生活过，我们的片刻都是重要的。作家的责任便在于此：

去传播缔造历史的细节，去在意欧瓦托纳那家咖啡馆的橘红色雅座。

记录生活的细节不啻挺身而出，反抗具有强大杀人力量的炸弹，反抗过度要求速度和效率。作家必须肯定生活，肯定生活中的一切：水杯、坎氏奶精、柜台上的番茄酱。作家不应该讲"住在小镇很愚蠢"，或"明明可以在家吃健康食品，却跑去咖啡馆吃东西，也很愚蠢"。我们应该对生活中确实存在的真实事物给予神圣的肯定——关于我们的种种事实：超重若干公斤；屋外灰扑扑、冷飕飕的街道；玻璃橱柜里的圣诞金葱彩带；橘红色雅座里的犹太作家以及对面的朋友，后者有一头金发，孩子则是黑皮肤的。我们必须成为能接受事物本色的写作人，要能喜爱细节，唇边带着"是"跨步向前，好让这世上不再有"否"。否定的态度会让人生没有价值，让这些细节无法持续下去。

Baking a Cake

烤一个蛋糕

喔

这是个奶油蛋糕，是块布朗尼

是松化清爽的柠檬蛋奶酥

烤蛋糕时，你需要糖、面粉、奶油、烘焙苏打、蛋和牛奶等材料。你把它们统统放进碗里，将之混合。然而光这样是做不成蛋糕的，只能得到一碗油腻黏稠的玩意儿。你得把这团东西放进烤箱里加热烘烤，才能将之转化成蛋糕，而出炉的蛋糕和原料本来的模样看起来截然不同。这很像是六十年代时，为人父母者无法承认眼前一副嬉皮打扮的，竟是自己的儿女。牛奶和鸡蛋看着自个儿制造出来的奶油蛋糕说："这不是我们的小孩。"不是鸡蛋，不是牛奶，而是难民父母生出来的博士女儿——在自己家里，她倒像是个外国人。

就某种程度上来讲，写作也是这样。你准备好所有的材料，亦即你生活里的种种细节，不过光是把细节列表并不够。"我生于布鲁克林，父母健在，我是女的。"你得添加你的热力和心的能量；你讲的并不是别人家的父亲，而是你的亲生爸爸；此人酷爱抽雪茄，吃牛排时加太多番茄酱，是叫人又爱又憎的一个家伙。你不能光是把材料放到碗里混合了事，这样无法赋予它们生命。你必须成为一个有着爱憎细节的人，让这些细节成为你身体的延伸。纳博科夫[1]说："爱抚神圣的细节。"他可没讲："随便把它们扔在一处，或痛打它们一顿。"爱抚它们，温柔地抚摸它们。关心周遭的事物，

---

[1] 纳博科夫（Vladimir Nabokov, 1899~1977），俄裔小说家，最出名的作品为《洛丽塔》。

让你的整个身子都去抚触你正在描写的那条河流。因此，如果你称它是黄色的、愚笨的或缓慢的，你全身都会感觉到。当你深入其中时，就不会有个抽离开来的你。片桐老师说："坐禅时，要把整个人放空。让禅定来达到禅定，而不是让史提夫或芭芭拉来达到禅定。"写作时也当如此：让写作来完成写作，让你自己消失。你只是在记录涓涓流过你身体的思绪而已。

蛋糕在烤箱里烘烤着，所有热能都致力于制造那个蛋糕。热能可不会分心，想着："喔，我才不要奶油蛋糕，我想烤巧克力蛋糕。"写作的当时，你心里可不能想着："喔，我不喜欢我的生活，我要是生在伊利诺伊州就好了。"不能这么想，你要接受现实，并写下现实的真相。片桐老师有云："文学能告诉你生活是什么面貌，却不能告诉你如何摆脱生活。"

烤箱有时可能很难控制，你可能得学习怎么才能点燃热力。计时写作能增加压力，有助于升高热度，把内心那个检查员炸得粉碎。同样的，手一直写个不停，也有助于增加热能，日常生活细节混合成的那团面糊因而得以烤成美味的蛋糕。如果你发觉自己在写作时频频看时钟，不妨告诉自己，继续写到三张（或四张、五张）纸的双面都填满为止。或者不管多久，直写到蛋糕出炉为止。此外，一旦启动热能，便说不准到头来出炉的会是魔鬼蛋糕还是天使蛋糕。虽说事先无法保证，可是请放心，两种蛋糕都很好吃。

也有人没准备材料，光想用热能来烤蛋糕。热力暖洋洋的，感觉很舒服，可是时间一到，却没有东西可以给别人吃。这种通常抽象朦胧的文章，我们感到里头洋溢着温暖的气息，却没有东西可以下咽。如果铺陈了细节，你便能更妥善地传达你的狂喜或悲痛。因此，当你翱翔在烤炉的暖流当中时，别忘了把面糊倒进烤盘里，如此我们才能明白你的感受尝起来到底是什么滋味；这样一来，我们才能充分品味欣赏其美味："喔，这是个奶油蛋糕，是块布朗尼，是松化清爽的柠檬蛋奶酥。"感受就像这样，而不光是喊两声"好棒，好棒"。没错，是很棒，但是到底有多棒呢？你得让我们明白滋味究竟如何。换句话说，讲出细节，它们构成写作的基本单位。

铺陈细节会使得你不单单只是为了烤蛋糕，而在烤箱前忙得团团转。用细节来写作，不啻转过头去面对这世界。这个行动深富政治意味，因为你并不光是沉浸在自己情感的暖流当中，而是把一些上好实在的粮食分送给饥饿的人们。

Living Twice

再活一次

他们凝视着路上的小水坑

看着大雨将之填满

作家有两条命。他们平时过着寻常的日子，在蔬果杂货店里、过马路时和早上更衣准备上班时，手脚都不比别人慢。然而作家还有受过训练的另一部分，这一部分让他们得以再活一次。那就是坐下来，再次审视自己的生命，复习一遍，端详生命的肌理和细节。

大雨倾盆直下时，大伙儿或拿伞，或着雨衣，或用报纸遮头，疾行赶路。作家偏偏身前抱着本笔记本、手中握着笔地走回雨中。他们凝视着路上的小水坑，看着大雨将之填满；看着雨水直落水洼，水花四溅。你可以说只有傻瓜才干写作这一行，只有傻瓜才会站在雨中注视着水洼泥坑。聪明人早就进屋避雨去了，以免感冒，万一生病了，还有健康保险。唯有傻瓜才会对水洼比对安全、保险和准时上班更感兴趣。

到头来，你觉得借着写作再活一次比赚钱更有意思。这会儿，让我们把话说清楚——跟一般想法相反，作家也爱钱，艺术家也爱吃东西；只是说，金钱并非驱策的动力。我有时间写作时便感到非常富足，定期收到薪水支票，而没空做我真正想做的工作时，则感到非常贫困。想想看，老板付薪水买别人的时间，时间是人类所拥有的十分宝贵的基本商品。活着的时候，我们用时间来交换金钱。作家坚守第一步——他们的时间——而且，甚至在以时间换取金钱之前，即已了解到时间的可贵。他们守住自己的时间，不急着出售。这就像继承家族的土地，那块地一直是你家的，始终被你的家族所持有。有人前来表明有意购买，作家要是聪明的话，不会卖掉太多。因为他们晓得，一旦卖掉了，或可再添购一辆车，但是他们将再也没有一个可以闲坐，可以寄托梦想的地方。

因此，如果你想写作，不妨傻一点。你的身体里负载着那个需要时间的慢郎中，使你不致一股脑儿卖掉所有的时间；那家伙需要一个可以去的地方，而且会要求在雨中凝视水洼，通常连帽子也不戴，以感受雨水滴落在头皮上的滋味。

Writers Have Good Figures

作家有副好身材

我写字的那只手

可以打倒拳王阿里

　　一般人并不了解写作需要体力。写作并不光是靠脑袋思考即可，还需要用视觉、嗅觉、味觉以及感受力来体会周遭活生生、蹦蹦跳的万事万物。写作练习的规则是"手一直在写"，一刻也不停。这项规则确实使人在肉体上突破心灵的抗拒，并遏止写作仅和意念与思考有关的想法。你的肉体和笔紧紧相连，你的手连接着臂膀，而你五官知觉的种种记录正从那只手倾注而下。身心本为一体，是不可分离的，所以，你可以借由肉体书写的行为，突破抗拒写作的心灵藩篱，这就像空手道选手因为打从心眼里深信手不会遭到木头的阻挡，于是徒手便可击断木板。

　　有一回，有位学生上完一堂写作课后，以不敢置信的惊喜语气说："喔，我懂了！写作是门视觉艺术！"是的，它也是一门运动性的、粗野的艺术。我曾对一班小学四年级的学童说，我写字的那只手可以打倒拳王阿里。他们深信不疑，因为他们晓得我所言不假。六年级学生年纪稍大，疑心也较大，我得一拳击向他们长长的灰色储物柜来证明我的话。

　　当我环顾前后左右正埋首写作的人，光从他们的身体姿态便可看出他们是否已有突破；有所突破时，两排牙齿不复紧紧咬着，而是在嘴巴里嘎嘎作响；心脏可能跳动得厉害，甚或感到心痛；他们的呼吸很深，字迹变得较松较大，而身躯也放松到足以跑上几公里都不成问题。这就是为什么我会说所有的作家，胖也好，瘦也好，还是浑身肌肉松垮垮也好，统统都有副好身材。他们时时都在锻炼身体。请记住这一点，他们都跟得上调子，体能经过强化，追得上山丘与公路的节奏，而且可以一口气写上几公里长的稿纸。他们姿态优雅地在许多不同世界间穿梭自如。

伟大作家所传达的，其实多半不是他们的话语，而是他们在灵思时刻的呼吸吐纳。当你大声朗读一首伟大的诗作，比方雪莱的《致云雀》，并且依照他所安排的分行分段方式来念，那么你所做的，便是随着诗人写作此诗时，文思泉涌的那一刻的呼吸气息，一吐一纳。诗人吐纳的气息如此沛然有力，以致在一百五十多年以后，仍然可以在我们的体内苏醒过来。呼吸到这股气息着实令人欢喜兴奋，因此最好记住下面这段话：想让自己感到酩酊醺然，别喝威士忌；大声朗读莎士比亚、丁尼荪、济慈、聂鲁达、霍普金斯、米雷、惠特曼，让你的身体高歌欢唱。

Listening

倾听

聆听灯光、椅子和门

并且穿过那扇门

倾听季节的声音.

六岁时，我坐在布鲁克林表姐家的钢琴前，幻想自己正在弹奏一首曲子，并随着琴声唱道："在这薄暮时分，我的小亲亲……"比我大九岁的表姐挨着我一屁股坐在琴椅上，并扯高了嗓门对我母亲喊："席薇婶婶，娜塔莉是个音痴，她唱歌荒腔走板！"我从此闭口不唱歌，也极少听音乐，听到收音机播出百老汇的歌舞剧音乐时，也只留心歌词，从不试图跟着唱出旋律。长大一点以后，和朋友玩"猜歌名"游戏，我会哼一小段，却引来一顿爆笑，他们都不相信我真的在哼《南太平洋》剧中的那首《比春日更娇嫩》。我借此得到别人的注意，可是我年轻的心却悄悄渴望自己的歌声能比得上美国性感歌舞明星吉卜赛·玫瑰·李（Gypsy Rose Lee）。毕竟，我晓得每首歌的每一句歌词，然而基本上，音乐的世界却与我无缘。我是个音痴：就像少了一条腿还是一根手指似的，我在肉体上有缺陷。

几年前，我跟从一位苏菲歌唱师父学唱歌。他告诉我，世上没有音痴这码事。"歌唱有九成靠倾听，你得学会聆听。"只要你听得彻底，那乐音便会盈满你体内，所以当你一张开嘴巴，音乐便自然而然会从你体内流淌出来。上过课后几周，我和朋友合唱，生平头一遭没有走调，心里并笃定地想着，我已得到启示。我个人的声音不见了，两人的声音已融合为一。

写作也有九成靠倾听，你是如此专注地聆听周遭的环境，以致那环境盈满你的身躯，因而当你提笔写作时，它便一发不可收拾地从你体内流泻而出。如果你能捕捉周遭真实的一切，你在写作时便不需要其他的东西了。你不单只是倾听隔桌而坐，正向你说话的那个人，同时也在聆听空气、椅子和门，并且穿过那扇门，倾听季节的声音，以及透窗而来各种色彩的声音；倾听过去、未来，以及你所处的当下。用你全副的身躯去聆听，不光用耳朵听，也用你的双手、你的脸，还有你的后颈。

倾听就是有容乃大，你听得越深刻，就会写得越好。你不带成见地接纳事物的本色，到了第二天，便可写出关乎事物本色的真相。杰克·凯鲁亚克曾列表说明散文写作的要素："对万事万物皆怀抱恭谨，敞开心胸，倾心聆听。"他同时也说："不要捻文作诗，要确切呈现事物的本色。"只要能捕捉事物的真貌，就不再需要捻文作别的诗了。

萨门·沙契拉比（Rabbi Zalman Schachter）有一回在喇嘛基金会告诉会众，当他还在犹太神学院就读时，学生只能听课，不准记笔记；课一讲完，学生就得牢记在心。此一概念在于，我们什么都能记得住，但是我们选择并已训练我们的心灵压制事物。

在课堂上念完一段文章后，我往往请学生"回想"："尽量准确地接近文中所说的话或所写的字句，重述让你感觉强烈的东西，别走到一旁，光是表示：'她提到农田的那一段还不错。'把细节一五一十讲给我们听：'伫立田中，我比乌鸦更寂寞。'"除了敞开心胸、接收声音外，这种深刻且珍贵无价的倾听也能唤醒深蕴在你内心的故事和影像。用这种方式倾听，你会变成一面映照你自己以及周遭真实本色的明镜。

基本上，如果想成为好作家，就必须做三件事：多多阅读、仔细深刻地倾听，以及多多地写。同时，不要想太多，只要长驱直入文字、声音和各种知觉的核心，并且让你的笔在纸上写个不停。

倘若你常读好书，在你写作时，好书会从你笔下泉涌而出。或许并非如此轻而易举，不过如果你想学点东西，直接走向源头吧。十七世纪日本的俳句大师芭蕉曾说："欲知一树，走向彼树。"想了解诗，便得读诗、听诗，让格律与形式都铭刻在你的心头，不要走到一边，转而用讲求逻辑的脑子来分析诗；带着你全副的身心进入诗中。日本禅宗大师道元说道："走在雾中，会弄湿身体。"因此，只管听、读和写便是。慢慢地，你会逐渐接近你需要说的东西，并且用你的声音把它说出来。

要有耐性，别担心，只管和着调子歌唱并写作。

Don't Marry the Fly

别和苍蝇结婚

在餐厅里.

屋外正下着雨.

一位朋友隔桌坐在对面

你在听别人念文章时，观察一下自己，你的思绪可能会在某些地方茫然徘徊。我们有时候会回应说："我听不懂，对我来说太深奥了。"或说："文中描述了好多事情，我跟不上。"问题的症结往往不在读者，而是在作者。

这些会出现问题的地方，是因为作者在此开始喃喃自语，只顾让自己开心，而忘了故事本来的走向。

作者本来可能是在写餐厅一景，却迷上了餐巾上的一只苍蝇，而开始巨细靡遗地形容那只苍蝇的背部、苍蝇的梦想、苍蝇的童年，以及苍蝇飞越纱窗的技巧。正在阅读或在听故事的人这下子可糊涂了，因为就在不久之前，文中的侍者已来到桌旁，听故事的人正等着他上菜。同时，作者可能并未明白显示他真正的方向，或并未切中素材的要旨，因而使他写出来的文章显得语意含混。就是这些模糊不清的地方让读者失去注意力，因为这些地方制造了裂缝，让读者分了心，失了神。

文学的责任是要让人保持清醒、活在当下，要是作者自己分了心，四处晃荡，读者当然也会分心晃荡。对餐厅作整体的描绘时，或许不妨提提餐桌上的那只苍蝇，讲讲苍蝇刚刚叮的是哪一种三明治，说不定也蛮切题的。不过，精确的细节和自我耽溺往往只有一线之隔。

坚守在细节精确的这一方，明白自己的目标，并紧紧守着那个目标。倘若你分了心，笔下文字也离了题，那就慢慢地把它带回正轨。写作时，内在的许多通衢都敞开来了，但可别溜达太远，以致离了题。坚持细节和方向，别光是自顾自的，这样到头来只会让自己写出含糊不清的文字。我们或许很想了解那只苍蝇，却忘记了自己身在何处：在餐厅里，屋外正下着雨，一位朋友隔桌坐在对面。苍蝇有其重要性，可是它自有其位置。别忽视这只苍蝇，也别为它着迷而不可自拔。欧文·豪[1]在《犹太裔美国人故事》一书的导言中写道，上乘的艺术几乎沦为煽情，可是终究并不是。认清这只苍蝇，想要的话，甚至可以爱上它，就是别和它结婚。

---

1 欧文·豪（Irving Howe, 1920～1993），犹太裔美国左派文学评论家。

Don't Use Writing to Get Love

勿用写作来索爱

给我一个拥抱.

告诉我　我的样子有多好看.

又有多棒.

　　大约五年前，有位朋友在曼哈顿下东城区遭人袭击。事后她告诉我，当时她立刻举起双臂，喊道："不要杀我，我是个作家！""真奇怪，"我当时心想，"她为什么以为这样便能救自己一命呢？"

　　作家有时会搞不清楚状况，以为写作给了我们活着的理由，而忘了活着是没有条件的，生活和写作乃是两个分开的实体。我们经常借着写作来博取注目、关心和爱。"瞧我写的东西，我一定是个好人。"一个字也没写出来以前，我们就已经是好人了。

　　数年前，每回朗读完自己的作品，不论别人如何赞美，我都觉得好孤单好难过。我怪罪我的作品，可是问题不在我的作品。当时我正经历离婚的煎熬，很没自信。需要支持的是我——不是我的诗，我混淆了两者，忘了诗是诗，我是我。那些诗很健康，我的情况却不太好，我需要关心。从那时起，每回得公开出现时，我就会邀一位朋友当我的"约会伴侣"；我请那位朋友等我一念完诗，"立即走过来，给我一个拥抱，告诉我，我的样子有多好看，又有多棒。就算我当晚表现得一塌糊涂也一样，反正跟我讲我很棒就对了"。一星期以后，我能够仔细审视自己的表现。那天晚上，"跟我讲我很棒"。

　　身为作家，我们总是在寻求支持。首先我们应当注意到，我们其实已时时刻刻皆获得支持。我们脚下踩着地球，还有空气在我们的肺部进出。当我们需要支持时，应该先想想这一点。静静的早晨，阳光穿透窗子洒进来。就从这些事情开始想，然后去找一位朋友，感受一下听到她说"我很喜欢你的作品"时，你的感觉有多好。相信她，一如你相信地板会在脚底支撑着你、椅子会让你坐在上面一样。

有个学生寄了两篇短篇小说给我过目，接下来的一个星期，我们聚会讨论了一个小时。在那之前，我已有一年半时间没和她合作，她进步之大，让我颇为感动。我告诉她："这两篇小说很完整，很动人，很美。"聚会约二十分钟以后，我发觉她生气了。"我觉得你给我太大的压力了，我承受不起。"她真正的意思是："你没尽到责任，你没有花点工夫把它们整个撕开，我可不是来这里听人赞美的，这两篇东西怎么可能会这么好，你太夸张了。""听我说，你一定要相信我，这两篇真的写得很棒，好得足以登载。"我建议她对外投稿。不到一个月，一家优良杂志接受了其中一篇稿子。她不但赚到了稿费，杂志社还告诉她，社里前不久才决定不再刊登短篇小说，可是"这篇稿子实在很好，让我们改变了初衷"。

我们想要诚实无欺的支持和鼓励，一旦得到了，却又偏偏不相信，反而轻易听信苛责，以强化心底根深蒂固的一个想法，那就是其实我们根本不行，根本不会写作。我的前夫常对我说："你看起来好丑。啊，这下子我可得到你的注意了⋯⋯"他说，我对他的赞美充耳不闻，一旦他提出负面的批评，我就马上竖起耳朵。

学生对我说:"你是老师呀,自然得讲些鼓励人的话。"朋友说:"你是我的朋友,你本来就喜欢我。"住嘴!有人赞美你时,真的请你住嘴,就算感觉很不好受、很不习惯,也请保持呼吸,倾听,让自己听进去那些话,感受那美妙的感觉。建构起接纳正面、诚挚支持的雅量。

What Are Your Deep Dreams?
你有什么深远的梦想

我只是要你们聆听

我写的几首诗

我问每周日晚间聚会写作的文友（当中有很多位练习写作已有三年之久）："你们想写到什么程度？你们拥有强劲有力的创作声音，已经能够将创作者和编辑区分开来，现在想拿它怎么办？"

总有个时候，我们必须去掌控并引导已学会的力量。我曾问这些文友："你们有什么深远的梦想？请就此写作五分钟。"我们当中有许多人并不知道、不承认，甚或逃避我们深沉的梦想。当我们得提笔写作五或十分钟时，我们被迫写下飘荡在心中的一些想望，而平时我们并未去留意这些想望。我们从而得到一个机会，得以不假思索地写出徘徊在我们知觉外缘的那些心愿。

审视这些愿望，开始认真看待你的梦想和愿望。要是你没有把握，要是你真的不晓得自己想做什么，那么请开始期待能找到方向，找到呈现自己的方式。

去年我到以色列时，踯躅在耶路撒冷街头，心里盘算着该写哪一类文章。当时我正替我的第二本诗集《Top of My Lungs》收尾，明白自己需要写点别的东西，某种新的形式。不少重返双子城的诗人改写起小说，茱蒂丝·盖斯特（她住在明尼苏达州的艾迪纳）第一部小说《凡夫俗子》的大获成功，激励了每一个人。我不断问自己："娜塔莉，你想不想写本小说呢？"答案很清楚："不想！"晓得自己不想要什么，感觉还蛮安慰的。可是我仍忧心忡忡，脑海里浮现一幅画面：我死到临头，躺在阴沟里，手中紧捏着最后几首诗作，拼了最后一口气哀求别人朗读一下。

《纽约客》（New Yoker）杂志刊登过一幅很精彩的漫画，图中有个男人握着一把来复枪和一本笔记本，站在机舱座位前对乘客说："都给我坐着，不准动。大家都不会有事，我只是要你们聆听我写的几首诗。"读诗从来就不是美国人喜爱的休闲活动。

我有位诗人朋友目前正在写一本推理小说，这位朋友建议我写作本书。我记得我五年前便已开始着手，只是当时的时机并不合适。然而，一如令我们迷恋的事物，我们的梦想也会重现。因此，最好能关注这些梦想，并采取行动。这是洞察生命的一种方式，否则，我们可能就随着自己的梦想四处飘荡，永无宁日。

一旦你学会信任自己的声音，并容许那个有创造力的声音从你体内流泻而出，便可引导这个声音来写短篇小说、长篇小说和诗，或者校正旧作等等。你拥有实现写作梦想的基本工具，不过，请注意，此一类型的书写亦将揭露你其他的梦想，好比去中国西藏、当上美国第一位女总统，或者在新墨西哥州建造一间太阳能工作坊。这些梦想都将变成白纸黑字，让你更难去逃避。

Syntax

句型结构

我不会写你因为我是冰块而且口好干

而且没啥好说的而且我字可吃冰淇淋

试试看下面一个办法。拿出你所写的一篇最乏味的文章，并从文中挑出连续的三四行，或三四个句子，然后抄在一张空白纸张的顶端。

我不会写作因为我是冰块而且口好干而且没啥好说的而且我宁可吃冰淇淋。

把那些文字一个个都看成是大小和颜色一模一样的积木，而名词和动词的地位并不比冠词和连接词高，各个词、各个字一律平等。接下来，就像在移动积木一样，花三分之一页的篇幅拼凑组合这些词句。切勿设法写出有意义的句子，只要专心拼凑就好；克制那股欲望，放轻松，任意写下便是。你将必须重复书写某些字才能凑满三分之一页。

写我是一张嘴巴宁可奶油说吃冰淇淋而且什么都没干我一个写宁可说而且我走方块因为一个有我去干走写而且嘴巴奶油去我宁可干方块是一个写我而且什么都没说走一个不能因为什么都没宁可我干去而且说奶油走冰宁可去我的方块什么都没有说。

接着下来，喜欢的话，随意加几个句号、一个问号，或许来个惊叹号、冒号或分号。全部不假思索，不要试图让句子变得有意义，玩乐一下嘛！

写我是一张嘴巴宁可奶油，说吃冰淇淋而且什么都没干！我一个写宁可说而且；我走方块因为一个有。我去干走写而且嘴巴奶油去，我宁可。干方块是一个写我而且什么都没说走。一个不能因为什么都没宁可；我干去而且说奶油走冰。宁可去我的方块什么都没有说？

现在大声念出来，好像这段文字真有意义似的，声音需有抑扬顿挫且带感情。你不妨试着用怒气冲冲的声音念，或可用兴致勃勃、悲伤、哀怨、急躁或颐指气使的声音念，帮助你投入文中。

我们做了什么？我们的语言往往受限于主词／动词／直接受词的句型结构，总是有个主词对受词采取某项行动。"我看狗"——根据此一句型结构，"我"是宇宙的中心。我们在语言结构中忘了一件事：当"我"看着"狗"时，"狗"同时也在看着我们。很有趣的是，在日语当中，这个句子会变成"我狗看"，其中有种交流或互动，而不只是主词对受词采取某项行动。

我们用句子来思考，而我们思考的方式决定了我们看待事情的方式。如果我们用主词／动词／直接受词的结构思考，那么我们便会以此一结构塑造我们的世界。借由挣脱这个句型结构，我们可以释放能量，能以崭新的眼光和角度来看世界。我们不再怀着身为人类（Homo sapiens）的沙文主义立场，除了人类以外，万事万物在这世上也有其生存的意义：蚂蚁有自己的巢穴，狗儿有自己的生活，猫咪老是忙着练习出招捕猎，植物在呼吸，树木的寿命比我们长。我们的确可以造出以一只狗、猫，或一只苍蝇当主词的句子，比方"狗儿看猫咪"。可是在我们的语言结构里，始终存有自我中心又利己主义的句型。非得当主宰者不可的负担太沉重了。我们并没有主宰这世界，这是一种幻觉，而虚幻不实的造句结构让此一幻觉长系不坠。

片桐老师常说："对一切有知觉的众生常怀善念。"我曾经问他："有知觉的众生到底是什么？是有感觉的人和物吗？"他对我说，我们甚至必须对椅子、空气、纸张和街道怀有善念。人心必须变得如此宽阔有肚量。当佛陀在菩提树下悟道成佛时说："我与众生皆成佛。"他并不是说"我成佛了而你没有"或"我看到佛了"，好像他归他，佛归佛似的。

这并不表示从今而后我们必须一动也不动，以免侵扰脚下的地毯，或一不小心摇动了一只玻璃杯。这也并不表示我们不准使用我们的造句结构，因为它是错的。然而，一旦你做过这个练习，尽管你可能会回头写一般惯用的句子，但是已有一个裂口出现了，一股能量充沛的风会从那里吹拂你全身内外。虽然"我吃朝鲜蓟"听来有意义，别人也认为你神志清楚，可是这会儿你已明白，在这个句型结构背后，朝鲜蓟恰好也正在吃你，并且永远改变了你；尤其你若是蘸了蒜味奶油酱汁，并让朝鲜蓟叶片彻底品尝你的舌头的话，效果更是厉害！你越能觉察到你所移动、看见并写出的句型结构，就越能掌控那结构，而当你需要的时候，也越能摆脱那结构。说实在的，借由突破句型结构，往往更能贴近你需要说明的真理。

下面举几首诗为例，这些诗作摘自一本名为《呐喊，鼓掌》[1]的诗集，作者是住在"诺港"收容中心的一些智障妇女。这些妇女从未真正被教导过英文句型结构，所以这几首诗是不受句型结构限制下很好的创作例子。这些诗作在另一方面也饶有新意：诗中处处有惊喜——你昨天吃了早餐，并不表示今天吃鸡蛋就不会带来美妙的感触！

给我一个白色　　玛莉昂·平斯基　作

我热爱白色

来写

来写我的名字。

请给玛莉昂

平斯基一个白色。

我喜欢用白色

因为写我的名字，我可以。

我晓得怎么去拼字

1　《呐喊，鼓掌》（Shout, Applaude），编辑：玛丽莎·夏伯兰（Marisha Chamberlain），出版地：明尼苏达州圣保罗市，出版社：COMPAS，出版年代：1976。——原注

正确无误。

我想要白色去书写

我的名字。

我喜欢写我的名字。

我也想要白色，现在。

我好好地要求。

我热爱白色，真的。

去写，去写

我的名字，没错。

我拥有自己的钱，真的。

设法拥有。

枫叶   贝蒂·傅里曼 作

我梦见的佳人真的青春

置身在她漂亮的红色圣诞球中。

她的衣裳美如天鹅。

一身纤细白羽的天鹅漂浮着

它柔软雪白的头

在底下漂浮，又成白雪。

我想变成那样的佳人，

有长长的翅膀。

石头与我　　贝芙莉·欧普瑟　作

我的桌上躺着一块石头。

石头上躺着一杯水。

水是黑黑的还有着泥土。

泥土是干干的还有灰尘。

我想邀请包心菜来吃饭。

包心菜很高兴。

它喜欢这石头

因为石头不会动。

人人　　雪莉·尼尔森　作

我穿着一件蓝色

外套。它是包心菜和熏肉肠。

它们是煮熟的大肉肠，

闻起来有包心菜的味道

啊，好香的味道

包心菜飘香不是夏日的噪音而是

厨房里某处的自来水。

Nervously Sipping Wine

紧张不安地啜饮葡萄酒

洗手间像只白色蜗牛肖出客方

随着悲哀一起冲走

数年前，拉塞尔·埃德森[1]在明尼苏达大学举行作品朗读会。他表示，他往往坐在打字机前，一口气便写下十篇短文，接着回头重读一遍，十篇当中也许有一篇还不错，他就把这篇留下来。他说，如果文章开头第一句便写得精彩，那么接下来的文字通常也会很出色。以下便是他写的一些精彩开头[2]。

"有个男人想让一架飞机喜欢他。"

"一只老鼠想把尾巴放进一个老太太的阴道里头……"

"假如曾有个科学家把鸽子培育成像马那么大……"

"一只心爱的鸭子因无心之过被煮熟了。"

"有个和泡芙有关的男子听到他母亲打破了什么，他想破掉的一定是他父亲。"

"一对夫妇发现他们的小孩是冒牌货。"

"同卵双胞胎老人轮流活着。"

下面是两篇完整的短文。

煎

一个男人一边煎他的帽子，一边想着他妈妈当年是怎么煎他爸爸的帽子，而他奶奶又是怎么煎他爷爷的帽子。

1　拉塞尔·埃德森 (Russel Edson, 1935~)，美国诗人。

2　出自《怀着最诚挚的歉意》(With Sincerest Regrets)，作者：拉塞尔·埃德森 (Russell Edson)，出版地：罗得岛州普罗维登斯市，出版社：Burning Deck，出版年代：1980。获出版社授权重印。——原注加点大蒜和葡萄酒，帽子吃起来便一点儿也不像帽子，而像内衣……

他煎他的帽子时，想着他妈妈煎他爸爸的帽子的事，还有他奶奶煎他爷爷的帽子的事，他但愿自己已经讨了老婆，这样便有人替他煎帽子了；煎东西是多么寂寞的一件事啊……

最诚挚的遗憾

像只白色蜗牛，洗手间滑进客厅索取爱情。

这是没办法的事，我们表达最诚挚的遗憾。

感情的书里，没有哪个章节是铅管制造的。

尽管我们常与你亲密相处，你却属于某条不幸的附注，我们宁可不承纳……

洗手间像只白色蜗牛滑出客厅，随着悲哀一起冲走……

朗读会结束以后，在丑陋大教室里所举行的酒会，一如寻常地供应葡萄酒和奶酪。我记得很清楚，西装笔挺的埃德森独自坐在教室一端，所有的师生和诗人则站在教室另一端，环绕着铺上橘黄色奶酪薄片的苏打饼干，紧张不安地一边啜饮葡萄酒，一边讨论他的作品。我们当中没有几个人走向他。虽然在朗读会上，我们都哈哈大笑，但他碰触到我们所有人赤裸裸的真相，我们都不大自在。

试着坐在打字机前，别多想，开始写埃德森式的文字。这意味着放手让你前院的那棵榆树自个儿振作向前，一路走到艾奥瓦州。试着写出出色有力的开头第一句。这一句的前半部分不妨摘自某篇报纸的文章，再用食谱书中所列的一项材料完成句子。到处玩耍一下，一头钻进荒谬的世界，而后书写，冒险。只要不怕失败，就一定会成功。

Don't Tell. but Show

别光讲, 展现出来

作者牵着读者的手,

引导他们走过有苦有乐的 幽谷

有关写作，有一句古老的箴言：“别光讲，展现出来。”这话到底是什么意思？它的意思是，别光是告诉我们你很愤怒（或其他一些伟大的字眼，比如诚实、真理、憎恨、爱情、悲伤、生活、正义等），向我们展现是什么令你愤怒。我们阅读以后，也会觉得愤怒。别告诉读者该有什么感受，把状况展现给他们看，自然会唤起他们内心的感触。

写作并非心理学，我们不谈“关于”感受的事，作者有某种感触，应透过文字唤醒读者的感受。作者牵着读者的手，引导他们走过有苦有乐的幽谷，可是绝口不提苦乐二字。

新生儿诞生的那一刻，你如果在场，可能会喜极而泣并欢唱。描述一下你看到什么：妈妈的脸庞；多次尝试后，婴儿终于一鼓作气来到人世；丈夫配合太太同步呼吸，不时用湿毛巾擦拭她的额头。不必多费唇舌，读者便能体会到生命的本质。

写作时，应直扣自己的感受与正在写的东西。如果你写的是初始的意念，也就是灵光一闪的第一个念头，而不是接着下来好发议论，爱批评，善于算计的第二个、第三个念头，便用不着担心。初始的意念呈现心灵对经验的反射观照——让人类透过文字尽可能贴切地描写夕阳、新生命的来临、婴儿别针、番红花。虽然我们无法永远抓着初始意念不放，但是能明白那些初始的意念是件好事。这些意念可以轻轻松松地教会我们如何走到一旁、抽离开来，把文字当成镜子，用来反射映照各种事物。

我一听到有关二字出现在某人的文章里，就好像听见自动警报声。"这是个关于生命的故事。"不管你愿不愿意，跳过这一句话，直接描写生命。我们在笔记本上做写作练习时，当然大有可能写出笼统的句子，比方"我想写有关我奶奶的事"，或"这是个有关成功的故事"。没关系，别因为写出这样的句子而苛责自己，别太吹毛求疵，从而将作者和编辑两个角色混为一谈。写下来，记下来，深入挖掘探讨，进入故事当中，并带领我们一同走进。

有时候，写些概括性的声明是非常适切的，只是在每个声明的背后，务必勾勒出一幅具体的图像。如此一来，即使你写的是论述文字，也会使文章生动。噢，要是康德或笛卡儿也遵照这些指示就好了。"我思故我在"——我想到泡泡糖、赛马、露天烧烤，还有股市，因此我晓得自己活在二十世纪的美国。勇往直前，翻开康德的《未来形而上学序论》（Prolegomena to Any Future Metaphysic），把他讲的东西展现出来。这样一来，我们一定会快活多了。

数年前，我把一个听来的故事写了下来，朋友都说读来很枯燥。我不懂他们怎么会有这样的反应，我爱极了那个故事。如今我领悟到，我写出来的，只是"有关"这故事的事，而且是二手传播，我并未走进故事里，也没有带着朋友进入其中。我是置身事外的局外人，因此无法带领别人走进去。这并不代表你不能写自己未亲身遭遇的事情，而是说你务必在文中注入生命气息，否则的话，写出来的文字会虚无缥缈，看不见你这个人的存在。

Be Specific
务求明确

鲜红的花瓣，翠绿的圆叶。

迎着阳光，一切欣欣向荣。

务求明确，别说"水果"，告诉我们到底是什么水果，比方"那是一颗石榴"。给事物正名，还其尊严。这就像我们待人应有的礼节，喊"欸，小姑娘，排好队"是粗暴无礼的行为。那位"小姑娘"可是有名有姓的（事实上，要是她芳龄至少二十，那么就根本不是"小姑娘"，而是女士）。同样地，事物也有其名字，讲"窗台上的天竺葵"，比光讲"窗台上的花"好多了。"天竺葵"，单单这三个字便为我们勾勒出一幅更为清晰的景象；更深入洞察那花儿的存在；立即为我们呈现窗台一隅的景象——鲜红的花瓣、翠绿的圆叶，迎着阳光，一切欣欣向荣。

大约十年前，我决心学会辨认生活环境中一切花草植物的名字。我买了一本相关书籍，漫步在布尔德绿荫夹道的马路上，细细观察树叶、树皮和种子，设法将它们与书上的叙述和名称相对照。枫树、榆树、橡树、刺槐，我常企图作弊，询问正在院子里劳动的住户，园里的花木叫什么名字。让我十分惊讶的是，没几个人知道在那一方小小天地里生长的植物叫什么名字。

我们一旦晓得某样东西的名字，便会觉得更脚踏实地；心灵的迷雾被驱散了，令我们与土地有了联结。当我走在街头，看到"山茱萸"、"连翘"，我会对周遭的环境更有亲切感。我留心身边的事物，而且说得出它们的名字，这让我觉得心灵更清明。

当你阅读威廉·卡洛斯·威廉姆斯的诗作时，会发觉他是如此清楚明确地交代一草一木一花的名字——菊苣、雏菊、刺槐、白杨、椴梓、樱草、黑心菊、紫丁香，它们都有自己完整无缺的性格。威廉姆斯说："鼻子前面有什么，便写什么。"晓得我们鼻子前面是什么是件好事。但光知道它是"雏菊"还不够，在我们端详它时，还得明白在此时节，这花儿的生长样态——"雏菊拥抱着大地／在八月……褐色边缘／翠绿尖细的鳞苞／护卫它的黄色。"[1] 磨亮你的觉察力，持续不辍：觉察名字、那一月、那一天，最终觉察到那一刹那。

威廉姆斯还说："不要概念，而要具体的事物。"研究"鼻子前面"的东西，别说它是"花"，而要说出它是"天竺葵"，如此，你更能深入当下，并确实活在当下。越能贴近鼻子前面的事物，这些事物所能教导我们的也就越多。"一沙一世界，一花一天堂……"[2]

参加写作小组或上写作班，也最好能很快地熟悉每位组员或同学的名字，这有助于你打入团体，并让你更留心关怀别人的作品。

学习万物的名字：鸟、奶酪、牵引机、汽车、建筑物。作家应无所不是，是建筑师，是法国厨师，是农夫；而在此同时，作家也应什么都不是。

1　出自《威廉姆斯早期诗作选》(The Collected Earlier Poems)，作者：威廉·卡洛斯·威廉姆斯 (William Carlos Williams)，出版地：纽约，出版社：New Directions，出版年代：1938。诗名《雏菊》(Daisy)。——原注

2　《天真的预言》(The Auguries of Innocence)，作者：威廉·布莱克 (William Blake)，见《诺顿诗选》(The Norton Anthology of Poetry)，出版地：纽约，出版社：W.W. Norton，出版年代：1970。——原注

Big Concentration

走心、注意

碎石物皆息息相关，互相贯通

就连我们踏步时所处的季节

也在支援我们的步伐。

好，选一样明确的事物来写，就写你雕琢第一支杉木匙的经验吧。告诉我们所有的细节，深入洞察那个经验。然而与此同时，别让自己变得目光短浅。当你一方面专心写作，另一方面仍应觉察到天空的颜色或远方飘来的除草机声音。用一行篇幅来描述你在雕琢那把汤匙时窗外的街景，一行就可以。这是很好的练习。

我们切不可忘记宇宙时时与我们同行，不论我们做什么，宇宙都在身后。如果你花一行来描写宇宙，也能提醒读者，纵使我们必须将心思集中放在眼前的事务上，也不可忘怀这个生生不息的世界。在恰当的时刻描写一下天空的颜色，会让文章读起来更为生动。

坐禅时，在两次四十分钟的禅定之间，需从事"经行"（kinhin），也就是行禅。站好，配合吐气，非常非常缓慢地开始踩出一步；你会感觉到自己双膝略弯、脚跟离地。非常缓慢。吸气时，你提起五根脚趾，向前走了一英寸左右，接着换脚，做同样的动作。经行持续大约十分钟。把动作放得如此之慢，你因而能体会到，你所踏出的并非各自独立、互不相干的步伐。你每踩一步，都会感觉到空气、窗户，以及其他也在坐禅的人。你觉察到，要是没有地板、天空，以及为了维持生命而喝的水，你根本踩不出步子。万事万物皆息息相关、互相贯通，就连我们踏步时所处的季节，也在支援我们的步伐。

所以，写作时心思专注固然好，然而在专心写作时，不要把世界挡在外头，而要任凭万事万物恣意生存。这是一种非常微妙的平衡状态。

The Ordinary and
Extraordinary
平凡与不凡

我们所有人的生命都交织在一起

互相创造对方的宇宙.

　　这个周末，我在阿比求（Abiquiu）瑰丽的粉红色峭壁和石块嶙峋的山丘之间露营。这里即为女画家乔治亚·欧姬芙（Georgia O'keeffe）当年选择居住的地方。前一个周末，我到亚利桑那州的霍比族（Hopi）保留地观赏蛇舞。从第一和第二台地顶端眺望，一望无际皆是有如月球表面般的苍凉景致。跳蛇舞是为了祈雨，他们捉来各种各样的蛇，有牛头蛇、响尾蛇、青黑蛇等，先由巫师和这些蛇相处四天四夜，接着开始舞蹈。跳舞时，村人把蛇咬在上下两排牙齿之间，身子很有韵律地前后摇摆。跳完舞，舞者带着蛇一路跑下长长的台地，接着放开蛇，让它们朝着四面八方爬走，这些蛇本来就是从四面八方捕来的。

　　我看了又看，连连赞叹。"我要怎样才能写出这一片广袤的大地和这神话般的仪式啊？"同行的一位友人说："看这片辽阔的空间，这些山丘、台地和天空，让人感觉到神就在这里。光是运用你所谈到的这些新奇的细节怎能捕捉到这一切呀？"

　　我们误以为细节只不过是无足轻重的芝麻绿豆小事，或只配用来描写鸡毛蒜皮的小事；我们以为细节很琐碎微小，并不属于胸怀宇宙大志的心灵或新墨西哥州的雄伟山峰。这是错误的想法。一样东西不管有多大、多瑰丽，都还是平凡的事物。我们以为细节是日常俗事，然而有觉察力的人透过神奇的眼光看出去，奇迹同样也只是尘俗之事而已。

　　因此，构成写作之本的，并不仅仅是对人事物作物质化的处理，而是要运用细节，举步跨到对岸，亦即在一切背后的那方辽阔虚空。对世世代代生活在那儿的霍比族印第安人来说，村落四周那片广袤的大地实在平凡得可以，他们天天都看到宏伟的台地。可惜的是，很多年轻人都想离开，想到比较刺激的城市去闯天下。

　　新奇的细节其实很平凡，只有一些人能看出其中的不凡之处。我们并不是非得到霍比台地才能见识到什么叫做宏伟；我们需要以不同的眼光来审视我们已有的事物。霍比族人有蛇舞是很深奥的一件事，然而那也是他们一辈子当中，每隔一年便得举行的一项庆典之一。一如其他舞蹈仪式，跳完蛇舞，他们便会邀朋友到家里吃晚餐。如果我们认为他们的生活和庆典很奇妙，而我们的生活却很平凡，那么我们提笔写作时，心中盈满的将会是种贫乏的感觉。我们必须牢记，一切事物都是既平凡又不凡；事物平凡与否，全看我们的心灵是开放还是闭塞的。细节无所谓好或坏，它们就只是细节而已。第一台地该怎么去呢？从二六四公路上的窗岩向西走一个半小时便是。

　　蛇舞是一个又一个全神贯注的细节堆积而成的，非得全神贯注不可，因为霍比族人嘴里正咬着蛇呢。我们这些在旁观赏的人觉得蛇舞深不可测且无比奇妙，因为它对我们是新鲜又陌生的事。可是，它也是一桩已流传数百年的平凡事。要写这个题材，我们必须深入蛇舞的核心做彻底的了解，让平凡与不凡的光彩在我们眼前同时闪烁。如此深入一样事物，你将会明白它和万事万物是如何贯通融合的，接下来，细节便自然而然会和宇宙结合，两者是可以互相替换的。

我有位朋友最近骑机车出了车祸。准备长途骑车到麻州的前一晚，他彻夜未眠，而且一大早就出门。他以八十五里的时速骑在路上时，竟然睡着了，撞上一辆汽车。他运气很好，毫发未伤，机车则面目全非。

听说此事时，我简直吓坏了。要是他因此丧生，我生命的平衡状态将随之产生变化。我们所有人的生命都交织在一起，互相创造对方的宇宙，只要其中一人英年早逝，所有的人都会受到冲击。我们不光是为自己而活；人与人之间相互关联。我们为大地、为得州、为昨晚捐躯供我们食用的鸡、为我们的母亲、为公路、为天花板和树木而活。我们有责任善待自己，然后以同样的方式善待这个世界。

提笔写作前应有这样的理解，这样一来，我们处理细节时，不会把它们当成是个别的物体，而是对万事万物的反映观照。片桐老师说："喝杯茶是件很深奥的事。"请注意，不论我们写的是杯子、台地、天空或鸡毛蒜皮，我们都必须好好留心察看，并贯穿进入它们的核心。如此，我们便能自然而然地作出诗词中所说的大跃动，因为我们觉察到万事万物之间的关联。我们也能一段又一段，一气呵成地写散文，把中学作文课里学来的起承转合抛在一旁。这些现象会自然发生，因为我们将与宇宙恢宏的运行有所联系。

Talk Is the Exercise Ground
谈话是练习场

我们并不是在残忍地散布八卦.

只是在谈法了解生命而已.

　　和好友聚聚、聊聊天，说说那回你在阿布奎基看手相的事、你和朋友沙沙法拉丝在新墨西哥州干溪村（Arroyo Seco）养鸡场坐禅的事，或者你妈每天早上都吃乡村奶酪配烤面包的事。

　　当你告诉朋友一些事情时，因为想勾起他们听故事的兴趣，往往会添油加醋，可能会夸大事实，甚至说两三个无伤大雅的谎言。你的朋友并不会计较故事的内容和十年的往事是否一模一样，重要的是现在这一刻，况且他们已听得入神了。有回和一位文友相约吃午餐，他对我说："把最近这个月你所听到最精彩的八卦闲话说来听听吧。要是什么也没听说，就自己编一个吧。"纽约短篇小说家格蕾斯·佩蕾（Grace Paley）说："倾听八卦闲话并散布出去，是作家的责任。每个短篇小说家都是用这个方式来了解生命的。"

　　谈话是件好事，不必感到羞耻。谈话是写作的练习场，是我们学习沟通的方法——什么能引起别人兴趣，什么让人觉得枯燥乏味。我和朋友一同放声大笑，说："我们并不是在残忍地散布八卦，只是在设法了解生命而已。"我说的是真话，我们应该学习谈话，但不要夹带成见、贪心或妒意，而应怀抱怜悯、惊异与赞叹的心情。

　　记得有一次听完音乐会后，和一位文友在明尼亚波利斯市区的新法国酒吧小坐，对她谈起我怎么会皈依佛教。由于她听得十分专注，我已讲过好多次的这番历程，也变得格外生动有神采。晶莹闪烁的玻璃酒杯，以及当时我点的那份巧克力慕斯的滋味至今让我记忆犹新。就在那时我明白了，我一定得写出这个故事——那里面蕴藏了精彩的素材。

借由谈话，写作的人得以互相帮助，替彼此找到新方向。"嘿，这个题材很不错耶，你有没有写过？""你刚讲了几句话：'我住在这儿六年了，连一件事情也记不起来，一件都没有。'这几句不错喔，写下来，然后发展成一首诗。"有一回我从波士顿回家后，顺口对一位朋友说："噢，他为她疯狂。"这位朋友当时正在写推理小说，听了之后追问道："你怎么看出他为她疯狂？告诉我他做了些什么事。"我哈哈大笑，有作家在身边，最好别作泛泛之论——他们不要我"讲"，而是要"展现"事情经过。

另一位朋友告诉我，十二岁那年，她父亲突然离家出走，并变成一个重生的基督徒，之后在三个州挪用教会公款。对她个人而言，那是个悲剧，可是我告诉她，那是个精彩的故事。她脸上顿时神采焕发，领悟到她大可用崭新的方式改变自己的生命——把这番遭遇当成写作素材。

谈话是这场大赛的一种暖身动作——一连好几小时，你独自在笔记本上奋笔疾书。将你曾经一再重复讲述的故事整理成一张清单，接下来，你就有得写了。

Writing Is a Communal Act

写作是公共行动

我们活在现下．

浸染着所有的历史、概念

与这个时代的苏打汽水、

一个学生说："我看了好多海明威的作品，真怕自己的东西听来会越来越像他的；我在复制模仿他，没有自己的风格。"这其实并不糟糕，听来像海明威，可比听来像大婶婆好多了，后者还以为贺卡上印的词句是美国最棒的诗呢。

我们老是担心自己在复制别人的风格，而缺乏自己的特色。放心，写作是公共行动。相对于一般看法，作家并不是普罗米修斯，孤零零地身处四面八方皆是火光的山头。以为只有自己具有纯粹的原创心灵是非常自大的想法，其实历来所有的前辈作家正用他们的肩扛负着我们。我们活在现下，浸染着所有的历史、概念与这个时代的苏打汽水，这一切皆糅合在我们书写的文字里。

作家是伟大的情人，他们爱上其他的作家，并因而学会写作；他们选定一位作家，读遍他的所有作品，并一再重读，直到了解那位作家如何行动、如何静止，以及怎么观看，方才罢休。这就像在谈恋爱：你忘了自己，只记挂着对方。你能够热爱别人的作品，意味着你内在的能耐被唤醒了。这只会让你变得更了不起，而不会使你成为盲目模仿的文抄公。别人的作品当中，哪一部分合乎你的本性，那一部分就会变成你，于是你在写作的时候，自然会采用这一部分的手法，而非刻意造作。伟大的情人都明白：他们爱什么，就是什么。艾伦·金斯堡[1]便是如此，他想要让杰克·凯

1　艾伦·金斯堡（Allen Ginsberg, 1926～1997），美国"失落的一代"诗人之一。

鲁亚克了解他，因此提笔写作："……他爱上杰克·凯鲁亚克，发觉自己就是凯鲁亚克：这便是爱的觉悟。"[1] 你在读《非洲的青山》时，便成为正在非洲狩猎旅行的海明威；接着你变成正注视着摄政时代仕女们的简·奥斯汀；再下来你成了格特鲁德·斯泰因[2]，正忙着用文字堆砌她自成一格的立体主义；然后你又摇身一变成为拉里·麦克穆特瑞[3]，走在尘土飞扬的得州小镇，正要到弹子房去。

所以，写作并不单是写而已，你也在和其他作家神交。不要心存嫉妒，尤其不能偷偷地嫉妒别人，那是最糟糕的事。如果有人写出伟大的作品，那只是替我们所有人澄清了这世界的几分真相。别在作家间区分别人和自己，以为他们与你不同："他们很棒，我很烂。"别制造这种二分法，制造对立只会让你更难成为好作家。当然，也不要有相反的想法，如果你说："我很棒，他们不行。"那么你已变得太骄傲，而无法有所成长，或者听不进旁人对你作品的批评指教。想着"他们很棒，我也很棒"就对了，这个说法可以给你很大的空间："他们开始得比我早，我可以追随他们的脚步，并从中学习。"

---

1 出自《艾伦语录》(Allen Verbatim)，艾伦·金斯堡 (Allen Ginsberg) 与罗伯·邓肯 (Robert Duncan) 访问记，编辑：戈登·鲍尔 (Gordon Ball)，出版地：纽约，出版社：McGraw-Hill，出版年代：1974。——原注

2 格特鲁德·斯泰因 (Gertrude Stein, 1874-1946)，美国女作家。

3 拉里·麦克穆特瑞 (Larry McMurtry, 1936~)，当代美国名作家，曾以小说《寂寞之鸽》获普利策奖。

最好当个部落作家，为所有的人写作，反映人群当中许多不同的声音，不要只是做个隐士型作家，只追索个人心灵中微不足道的真理。提笔写作时，应视野恢宏，胸怀全世界。

即使我们独自走向荒野，在旷野中写作，也应时时和自己以及周遭的一切密谈，好比说书桌、树木、飞鸟、水和打字机。我们和万事万物是密不可分的；我们以为自己独一无二，那只是我们的自我在作祟。我们的存在植根于我们来到人世前这世上已发生的种种，纵使我们笔下的文字意欲反抗，还是我们试图否定过去，结果都一样。写作的时候，我们都明白我们背上扛着的是什么东西。

在居住地认识写作同好也是个好办法，大家可以聚聚，互相帮助。始终踽踽独行太辛苦了。我请写作班的学员彼此认识，和别人分享自己的作品。别任由自己的文章在笔记本上越积越多，把它们发表出来。别再以为艺术家都是孤寂又苦闷的，做人已经很苦了，还是别自讨更多的苦吃吧。

One plus One Equals a
Mercedes-Benz

一加一等于奔驰汽车

一加一等于四十八

一辆奔驰汽车

一个苹果派

或一匹蓝色马

　　我常对我的学生讲，特别是逐渐老于世故的六年级学生：关闭你那说一加一等于二的逻辑脑袋；敞开你的心灵，接受一加一等于四十八、一辆奔驰汽车、一个苹果派或一匹蓝色马的种种可能性。写自传的时候，别净是在交代资料事实，诸如："我读六年级，我是男生，我住在欧瓦托纳，父母俱在。"告诉我真正的你是什么样的人："我是窗上的霜，幼狼的嚎叫，扁平的草叶。"

　　忘掉你自己，隐没至你所凝望的每样事物——一条街、一杯水、一片玉米田。对任何事物有所感，便彻底化身为那种感觉，与之同焚。放心，你的自我很快就会紧张不安，并阻止你过于狂热。不过，倘若你能捕捉那种感觉，或者嗅到、瞥见你与那感觉合为一体的刹那，那么你就很可能会写出一首好诗。

　　接着，我们又坠回凡间，唯有写出的作品保留了那恢宏的洞察力。这就是为什么我们必须一而再地回到书本跟前——我指的是好书，并且一而再地阅读种种洞悉人生意义与方向的见解。我们既生而为人，就得历经这番挣扎，如此一来，我们便能一而再地对自己生出怜悯之心，并且彼此善待。

Be an Animal
当只禽兽

如果你是为人母者，

是画家、马、长颈鹿或木匠

你也会把这一点带入

你写的东西里面。

没在写作的时候，你仍是个写作人，那个身份不会离你而去。跨着禽兽的步伐四处走动，将周遭的一切看成是你的猎物，并像禽兽一样运用你的感官知觉。注意观察猫咪，看它见到屋里有东西在移动时的反应；它全身一动也不动，然而在此同时，它所有的感官知觉都在运作：注视、倾听、嗅闻。你走在路上时，亦当如是，猫咪的脑袋瓜里可没在想着它需要多少钱，或者到了佛罗伦萨该寄明信片给哪些人；它凝视着一只老鼠、地板上滚动的大理石擀面杖，或者水晶球反射的光芒；它全身蓄势待发，随时可以飞扑向前。当然啦，你不必四肢趴在地上并扯动你的尾巴。不管你有多么忙碌，一定要保持沉静——至少全身当中有一部分是静止的——并且搞清楚自己身在何方。

曾和我同赴欧洲旅行的一位朋友，她有种恐惧症，深恐自己会迷路。她从来就看不懂城市地图，也不晓得该如何领会简单的信号，比方"我们昨天来过这个广场，马路的对面就是莎佛依大饭店，我们就是在那儿买音乐会门票的，因此那一定是回程的路"。她因为害怕，竟失去了所有的常识，也就是我们平日赖以生存的那些感官本能。我们内在觉察之处，永远保持觉醒。片桐老师说："当下你便是佛！"只是在我们太忙，或像我朋友那样，太害怕的时候，我们便忘了这一点。因为害怕迷失方向，她于是就迷失了。

身为写作人，行走在这世上，我们须时时与当下连线，部分的自己须保持警觉，亦即像禽兽般的那一部分感官，注视、观看并留心路标、街角、消防栓和报摊。

此外，就在你要提笔写作前，让自己变成一只禽兽也是很好的准备。不管你当时正在干吗，倒垃圾也好，走在前往图书馆的路上也好，还是正在院子里浇花也好，都要缓慢地行动，潜行尾随你的猎物，也就是你打算要写的任何文字。让你所有的感官知觉都保持专注，关闭你讲求逻辑的脑袋，脑中需空空如也，一个念头也没有。让文字从你的腹部出来，把你的脑子往下移到胃里，让胃来消化你的思想，让它们供应营养给你的身体。像菩萨一样，养一个圆鼓鼓的肚子。深深地吸气，别把气憋在胃里；拿出耐性，保持慎重。让写作渗出思想形式的水平线下、渗进潜意识，渗透你的血脉。

当你终于要飞扑向前时，这么着，就当是上午十点，也就是你当天预定开始写作的时刻，加重定时写作的压力，写一个小时或二十分钟。时间长短任你决定，不过务必全力投入，手不停地写，透过你的笔，将你血脉中的一切，统统倾注在纸上。千万别停手，别偷懒，别做白日梦，写到你精疲力竭为止。

不过，请放心，这还不是你最后的机会，要是你今天没逮获老鼠，明天一定会逮到。你绝对不会忘了自己是谁，如果说你在写作时是个作家，那么你在煮饭、睡觉和走路时，也还是个作家。

同时，如果你是为人母者，是画家、马、长颈鹿或木匠，你也会
把这一点带入你写的东西里面。这个身份如影随形，你无法将自己与自己的一部分区分开来。

最好带着整个的自己开始写作。写完以后，走在马路上时，最好也带着整个的自己，包括你的一般常识或佛性，亦即内在的一种善念，如此你才会晓得路名，才不会迷路；这样一来，当你像禽兽一样在城里潜行时，心中会明白，明天你仍将照常写作，并且一写就是好久。

Make Statements and Answer Questions
提出声明、回答问题

我应该吃三块布朗尼

记得天空的样子

并且成为世上最优秀的作家

　　七十年代早期，曾有一项针对女性和语言所做的研究对我造成很深的影响，也影响了我的写作。根据这项研究，女性在提出声明时习惯加修饰词，比方"越战真恐怖，不是吗"，或"我喜欢这个，你呢"。句型结构显示，女性总是在寻求别人附和她们的感受和见解；她们并不是在提出声明后，便坚守声明"这很美"或"这很糟糕"。她们需要别人的鼓励。（顺带提一句，研究中发现，发生在女性族群中的现象亦可见于弱势族群中。）

　　此外，女性在讲话时也爱用很多诸如大概、也许、不知怎的之类的不定修饰语。比方说："不知怎的，事情就发生了。"好像有某种不可知的力量让这位女性无能为力；"也许我会去吧。"又是一样，没有清楚、斩钉截铁的声明，比如"是的，我会去"。

　　这世界并非总是黑白分明，人不见得能确定自己可不可以去某个地方，然而务必作出清楚、斩钉截铁的声明，这一点对写作新手来讲尤其重要。"这很好"、"那是匹蓝色的马"，而不是"呃，我晓得这事听来很怪，不过我想那八成是一匹蓝色的马"。提出声明不啻在练习信任自己的心，学习坚持自己的意念。

　　我读到那篇文章后，回家看了我刚写好不久的一首诗。我让自己把所有含糊、不确定的字句统统拿掉；那种感觉就像冲好澡以后，身上的浴巾硬生生被扯掉，浑身光溜溜地站着，暴露出自己真实的样貌和情感。第一次这么做觉得好恐怖，后来却觉得很棒，那首诗变得好多了。

因此，纵使人生并非永远清楚分明，但清楚且肯定地提出声明表达自己的见解却是件好事。"我是这么认为和感觉的"、"眼前我就是这样的人"，这需要勤加练习，却会带来很多的回报。

不过，在练习写作时，如果看到自己用了那些不定修饰语也不必担心。别责骂自己或对自己太苛刻，只要觉察有这么一回事，并继续写下去。当你回头将全文重修一遍时，再删去这些词语就行了。

另一个应加以注意的是问句。凡是写出来的问题，你自己都得回答出来。写作时写出了一个问句，没关系，可是你必须立即更深入挖掘自己的内心，然后在下一个句子里回答前面的问题。"我该拿自己的生活怎么办？"我应该吃三块布朗尼、记得天空的样子，并且成为世上最优秀的作家。"我昨晚为什么觉得怪怪的？"因为我晚餐吃了鸽子、鞋子穿错了脚、因为我不快乐。"风是打哪儿吹来的？"从克洛依河拓荒者的记忆中吹来；风热爱大地，远至南北达科他州的大地。

别害怕回答问题，你将发现自己内在无穷的机智。写作是在焚尽你心灵中的迷雾，别把雾气带到纸上。就算有件事你并不是很确定，表达的时候，也得做出对自己胸有成竹的样子。如此这般地多多练习，最后你会真的胸有成竹。

The Action of a Sentence

句子的行动

磐发腌在土星

小提琴团它们的音乐来煮空色

紫丁香把天空片成紫色.

动词非常重要，是句子的动作和能量所在，运用时需小心留神。试做下面的练习，把纸左右对折，在纸的左侧写下十个名词，随便什么名词都行。

紫丁香

马

胡子

猫

小提琴

肌肉

恐龙

种子

插头

录像带

接着，翻到纸的右半边，随便想一门职业，比方说木匠、医生、空服员，在纸的右侧写下和那个职业有关的十五个动词。

15

厨师：

煎

斩

剁

片

切

热

炙

尝

煮

烤

炸

腌

打

炒

舀

打开整张纸，左侧列有十个名词，右侧列了动词。试试看把名词和动词连在一起，会形成什么样的新组合，然后据此造出完整的句子，需要的话，可以用过去式。

厨师：

紫丁香	煎
马	斩
胡子	剁
猫	片
小提琴	切
肌肉	热
恐龙	炙
种子	尝
插头	煮
录像带	烤
	炸
	腌
	打
	炒
	舀

恐龙腌在土里。

小提琴用它们的音乐来煮空气。

紫丁香把天空片成紫色。

以下还有几个运用动词的例句：

她丈夫的呼吸把她的睡眠锯成两半……

在他们的丙烷槽上，向晚下沉的光影拉得好长[1]。

当我看到他时，我爆炸了[2]……

其他人在车中成双成对到辉映着月光的河流[3]。

……在那儿，天使与剑兰走过你的肌肤／睡在地上[4]……

我的血液像蜂巢般嗡嗡叫[5]。

这并不表示你在写作时，应该停下沉思一个小时，好想出一个新动词。只是要留意动词以及动词的力量，并以新的方式来运用动词。你对语言的各种面向越是注意，文笔就会越生动。到头来，你可能会认定还是用跑、看、走等一般动词比较对味。这也没关系，可是那一定得是你自己所作的选择，而不是糊里糊涂，要么在睡觉，要么在打盹的情况下写出的句子。

---

1 皆摘自 "Dawn on the Harpeth"，作者：卡洛琳·佛雪 (Carolyn Forché)，未出版，作者直接获授权印行。——原注

2 摘自《追忆桑斯特的时刻》(Time to Remember Sangster)，收录于《汝至爱者，犹为美国》(What Thou Lovest Well, Remains American)，作者：理查德·雨果 (Richard Hugo)，出版地：纽约，出版社：W.W. Norton，出版年代：1975。——原注

3 摘自《我为何难过地想起杜马》(Why I Think Dumar Sadly)，收录于《汝至爱者，犹为美国》。——原注

4 摘自《如果世界快没有了》(If the World Is Running Out) 中的《一九八一年七月十六日的日记》，作者：凯特·格林 (Kate Green)，出版地：明尼苏达州，出版社：Holy Cow!，出版年代：1983，获作者与出版社授权重印。——原注

5 摘自《愚行书》(Book of Folly) 中的《海滩屋和野餐的天使》(Angel of Beach Houses and Picnics)，出版地：波士顿，出版社：Houghton Mifflin，出版年代：1972。——原注

Writing in Restaurants

在餐厅写作

亲爱的菲尔：

我人正在南达科他州，

准备到新墨西哥州去

　　我正坐在新墨西哥州圣克里斯托巴尔镇（San Cristobal）一间拖车式小吃店中，小镇有六十八个居民。小吃店的西班牙老板娘自一九四八年以来就拥有这块土地，她刚从亚利桑那州搬回来不久，并重新经营这间小店。镇公所说，她得自个儿凿井，所以，在井没挖成之前，小吃店不供应餐点。因此，我在这两小时的写作时间中，能点的东西有香烟、可乐、山露汽水、汤姆薯条、超级泡泡糖（原味、葡萄味或苹果味）、士力架巧克力、肉桂糖棍、解痛散热剂、胃乳片、覆盆子或热带什锦水果味的 Kool-Aid 饮料粉末、一夸特装的牛奶或一打鸡蛋。我非得点些什么不可，而且不能光是点罐可乐就算了，因为我打算在店里待一会儿。

　　这是第一条规矩，你一旦选定一间咖啡店当写作场所，便得和这家店套交情。让自己觉得肚子饿，这样才会想吃东西。有时候我一点也不饿，却还是点了餐，然后把盘子推到一旁，拿出我的笔记本。在接下来一个小时左右，我偶尔会吃点炸洋葱或菠菜色拉。如果点了咖啡，也绝不占便宜，总是婉谢免费续杯，我想让店家晓得，我很感谢他们给我这方空间。同时，倘若你一张桌子一占便是好几小时，可得多给点小费。女侍靠转桌率挣钱，而你待的时间比一般客人长。别在最忙的中晚餐时段出现，等到尖锋时间已近尾声再去，那时女侍会乐于见到你，因为她已经累坏了，而她知道你不会点一大堆东西，也不会催她快点上菜。

我晓得这种写作方式听来所费不赀，不过，只有第一回需要这样。初次现身以后，你开始轻而易举地摇身一变为常客。"喔，是位作家。写得还顺利吧？咖啡要不要续杯呢？老板招待哦。"

当我住在明尼苏达时，有天朋友打电话来，说："卡尔洪广场有家餐厅新开张，我们去那儿吃晚餐、写东西吧。"那一次我首度领悟到，选择适合写作的场所也是门艺术。我才看了第一眼便晓得，那家新餐厅完全不适合写作。首先，它太花哨时髦，且致力于供应精致、有创意的餐点；他们希望顾客在那儿用餐，而不期待我们倚着紫罗兰、淡蓝和白色的亚麻桌布写出伟大的文学作品。

我通常舍麦当劳之类的连锁餐厅，而选择个体经营的店家，除了因为连锁餐厅的装潢设备都是塑胶制品，椅子坐起来往往不太舒服之外，你会想要待在一个有人情味的地方，而不是一切讲求效率，一板一眼，放眼望去一片橘黄色的处所。

可是，干吗自找麻烦到外头写作？何不就待在家里写？这是我的一个小小秘诀。不时换个场景有利无弊，在家里，有电话、冰箱、待洗的碗盘、待冲的澡，还得和送信的邮差寒暄两句。最好离开家门。况且，花了好一番工夫才到咖啡馆，可不要像在家里那样忙东忙西，坐一下子就赶着要去办别的事了。

而且，我们的心灵是很狡诈的，似乎我一提笔写作，心里便会想起一百件我更想做的好玩事情。记得有一次，我有机会在明尼苏达州北部一间小屋里借住一星期。住进去第二天，我坐在打字机前准备写一部短篇小说。时值六月底，从我坐的地方望出去，院子里种了白杨、甜菜叶、莴苣和百日草，天空一片蔚蓝。突然之间，我已换上了泳装，脚踝浸在离小屋四分之一里的湖里。正预备一头潜进水中时，我清醒了过来。"娜塔莉，你怎么跑到这儿来了？你才刚坐下来要写你短篇小说的第三页呀！"我通常不会这么离谱，多半会及时醒悟回头。

你可以有不同的说法，不过，我们会使出这些小把戏，基本上是因为我们内心当中在抗拒的那一部分开始在作祟了。它想抗拒什么呢？工作和专注。

去年秋天，有一阵子只要我一提笔写作，脑子便一片空白，内心涌起一股安乐感；我凝视窗外，心里洋溢着大爱，觉得与万事万物融为一体。我就这样坐着，有时竟坐满了整段原本计划写作的时间。我自忖："注意看哪，我逐渐觉悟成佛了！这比写作重要多了，何况不管写什么，目标都是想达到此一境界。"等这种情况过去了好一阵子以后，我请教片桐老师，他说："喔，你只是在偷懒而已，好好工作吧。"

我读过有关浮槽（flotation tanks）的文字，据说身处浮槽中，因为置身于幽暗的箱子里，沉浸在十寸的温水中，感官接收到的刺激会减低许多。而因为感官刺激的受限，会促使心神更加集中。

奇怪的是，在咖啡店中写作也能让你心思更加专注。不过，咖啡店并不能减少感官刺激，那儿的气氛反而使你部分的感官知觉更加忙碌、快活，也因此，你比较深沉且安静的那一部分，也就是掌管创造与专注力的那一部分，也同样能自由自在地发挥力量。这就像一面用一些小玩意儿吸引宝宝的注意力，一面塞了一匙苹果酱到宝宝嘴里。基于同样的道理，莫扎特也曾请他太太在他作曲的时候，在一旁念故事给他听。

也可以用另一种方式来运用餐厅里的刺激。亦即转身面对刺激，随大伙儿狂欢，热闹一回。你的手不可以停下不动，随着能量的波动而写；写下你自周遭捕捉得来的种种细节，将这些细节和你自己跃动的思绪结合在一起。外界的热闹喧嚣可以刺激并唤醒你内在潜藏的感觉。如此有予有取，真是美妙。

在巴黎，看到那儿有那么多的咖啡馆，我好不惊异。在那里，催顾客离开会被人当成很没礼貌。你可以早上八点钟点了一杯咖啡，到了下午三点，仍优哉地啜饮同一杯咖啡。海明威在《流动的盛宴》(这本书太棒了，快读读吧！) 中谈到他在巴黎咖啡馆里写作的往事，以及当时乔伊斯说不定和他只隔了几张桌子呢。去年六月到达那里的时候，我领悟到为什么有那么多美国作家情愿浪迹巴黎；那里每条街大概都有五家咖啡馆，而且统统示意要你进来写作，在咖啡馆中写东西是很被接受的事。

奇怪的是，在咖啡店中写作也能让你心思更加专注。不过，咖啡店并不能减少感官刺激，那儿的气氛反而使你部分的感官知觉更加忙碌、快活，也因此，你比较深沉且安静的那一部分，也就是掌管创造与专注力的那一部分，也同样能自由自在地发挥力量。这就像一面用一些小玩意儿吸引宝宝的注意力，一面塞了一匙苹果酱到宝宝嘴里。基于同样的道理，莫扎特也曾请他太太在他作曲的时候，在一旁念故事给他听。

也可以用另一种方式来运用餐厅里的刺激。亦即转身面对刺激，随大伙儿狂欢，热闹一回。你的手不可以停下不动，随着能量的波动而写；写下你自周遭捕捉得来的种种细节，将这些细节和你自己跃动的思绪结合在一起。外界的热闹喧嚣可以刺激并唤醒你内在潜藏的感觉。如此有予有取，真是美妙。

在巴黎，看到那儿有那么多的咖啡馆，我好不惊异。在那里，催顾客离开会被人当成很没礼貌。你可以早上八点钟点了一杯咖啡，到了下午三点，仍优哉地啜饮同一杯咖啡。海明威在《流动的盛宴》（这本书太棒了，快读读吧！）中谈到他在巴黎咖啡馆里写作的往事，以及当时乔伊斯说不定和他只隔了几张桌子呢。去年六月到达那里的时候，我领悟到为什么有那么多美国作家情愿浪迹巴黎：那里每条街大概都有五家咖啡馆，而且统统示意要你进来写作，在咖啡馆中写东西是很被接受的事。

原谅我得离开。我正在吃罐头豆子做的色拉配苏打饼干。"

明尼苏达州欧瓦托纳的科斯达咖啡馆，就在苏利文银行对面，橘色的雅座和拌了太多油的希腊色拉。

史耐德杂货小吃店，吉姆跟我讲过，他很爱吃这里的火腿三明治……

另外，请注意：别忘了试试在自助洗衣店写作。

The Writing Stadio

写作书房

在城市的另一头

拥有一间属于自己的写作处所.

对我而言

意义非常重大

倘若你想要一间用来写作的书房，想办法弄到一个房间就是了，可别大兴土木。只要房间不漏雨，有扇窗户，冬天有暖气便成；把书桌、书架和一张柔软的座椅搬进去，然后开始工作。有太多人认定非得先粉刷墙壁不可，接下来又得添购窗帘幔帏和一张特别的书桌，椅子的靠背、坐垫也得换新，还雇请木匠打造胡桃木书架，并采买一张上好的地毯。"毕竟，这是我的特别房间哪！"

那已变成逃避写作的另一个小把戏。我看过不少朋友在营造了完美空间后，根本就受不了踏进里面一步，在厨房的桌子上写东西倒还比较舒服。叫人坐在精美的空间里，摩挲着写作所带出的人生不尽完美的种种，真是谈何容易。我们打造了沉静的精美房间，却又渴望在嘈杂又凌乱的咖啡馆里写作。我们当中不少人营造了美丽又井然有序的夏日花园，却巴望着置身树林中，那里有落叶、小虫，而且看起来紊乱而荡然无序。我们的书房自然会出现翻开后未合起的书、至少一只盛着半杯旧茶水的杯子、散落的纸张、一沓沓未回的信、一个饼干盒、踢到书桌底下的鞋子，以及地板上一只分针坏掉的手表。

禅师都说，我们的房间显示我们的心灵状态；有些人害怕空间，所以在屋里每个角落都塞满东西。这就像是我们的心害怕空虚，因此心里时常思潮澎湃，老是想东想西。不过，我觉得写作的空间是另一回事；一点点外在的失序显现心灵的丰富多产，表示这个人创造力旺盛。一间完美无瑕的书房总是向我显示，房间的主人恐惧自己的心灵，其外在空间反映出内在的控制欲。创作正好相反，它是失去控制。

给自己一间写作的房间，在那里摆放写作的工具固然是好，但是我们应有自知之明，不要迷失在室内装潢之中。还记得我花七十五美元月租分租到的第一间工作室，那是别人家三楼的一个大房间，没铺地板，有三扇窗。由于房东也住在那里，为了让自己在房东一家都不在时也进得了大门，我先得和一只杜宾犬套交情达三天之久。尽管如此，在城市的另一头拥有一个只属于自己的写作处所，对我而言意义非常重大，这意味着我很把自己当一回事。在那之前一年，我曾苦恼着是否要花四十六美元买录音机，以便练习大声朗诵诗。叫我花钱添购电动打字机，想都别想。当我逐渐发展了自我，越来越以写作为志业，就越来越乐于为写作花钱。营造写作的空间是你对写作已更有使命感的另一个指标。

不过，请注意，就在上星期，我在新墨西哥州的道斯遇见美莉朵·乐苏尔[1]。她是一位八十多岁的作家，著有好几本长篇小说、短篇小说和诗集。她自称她如今四海为家，到处探亲访友，住在亲友家里，而且走到哪儿便在哪儿写。她前不久才到加州探望女儿，

---

1 美莉朵·乐苏尔（Meridel Le Sueur, 1900~1996），美国女作家，本书写作时尚在世。

这会儿来道斯拜访朋友，要住在朋友家写作一阵子。她在打听哪里可以让她花三十美元左右买到一部老式手动打字机，而她用完之后就要送人。她走到哪儿都是这样，所以就不需要拖着打字机前往下一个目的地。如此这般的写作书房，何其简朴！

A Big Topic: Eroticism

重大的题材：情色文学

如果你在游泳的时候

慢慢脱掉衬衫和裤子

等到你抵达对岸时

便会一丝不挂

有几项大题材可能是你觉得非写不可的,比方"爱情和情色文学"。像这样重大的题材,很容易让人行文变得过于哲学、沦为抽象,往往又是长篇累牍、枯燥乏味,而且永远也讲不清楚你所要讲的东西。"啊,对了,情色文学,我相信这与性的本能和行为有关……"追根究底,因为你在写作时有一点神经紧张,不晓得该如何说出你所要讲的东西,同时还有点害怕,怕自己会真的讲出来。放轻松吧。

永远从自身开始,并且顺势而为。情色文学是个沉重的字眼,如果你觉得紧张,不妨环顾室内周遭。从某一样小而具体的东西写起,比方杯垫上的茶杯、苹果薄片,或者你的红唇上残留的巧克力夹心饼屑。有时你的开头得离题很远,然后再迂回地转回正题。写作就是在探索,你想探索你和某个题材的关系,而不光是查出它在辞典里的定义便行。

"我从何处来?"新墨西哥州一个学生在一次定时写作练习时处理这个题目。她从不久前才发生的一件事写起——拜访刚生产的朋友;她叙述访友的细节,以及她如何为朋友夫妇和新生婴儿准备感恩节晚餐。你一边读着文章,一边觉得她最早提的那个问题一直在嗡嗡作响。行文至一半,正在圣塔菲烹饪火鸡大餐时,场景突然转到了布鲁克林,她母亲当初生下她的情景。你不能老是直接攻击题材,有时也该花点时间接近它。

　　片桐老师对伴侣有所开示："你们应当并肩同行，而非面对面。"我们即应以此方法说出我们需要说的话：不是激烈地一股脑儿往前冲，而是在旁手舞足蹈一下再前行。如果你在春情荡漾的时候写下吃甜瓜的事，即使你从未提及情色二字，我们读文章时仍会感觉春情荡漾。

　　不过，别以为这意味着就算你想大胆直挑情色话题，也不宜如此厚脸皮。只是说，如果你一下子便脱掉衣服，纵身一跃跳进水中，说不定会觉得水太凉了。你会再度跃出水面，说："这个任务太艰巨了。"不妨从对岸开始接近情色题材，全身衣着整齐，不慌不忙地泅过河。如果你在游泳的时候慢慢脱掉衬衫和裤子，等到你抵达对岸时，便会一丝不挂——一如你一直以来的期望，大胆厚颜地直挑情色题材，而且不会因此觉得恐慌或难为情。你花了好些时间才到达那里，脚踏实地上到对岸，我们即随着你缓缓前行。不管你讲什么，我们都乐于倾听。现在，放马前去，狂野一下吧。

　　此外，你或许会想从另一个角度来处理重大的题材。把这个题材划分为不同的层面。如果情色文学这个字眼让你呆若木鸡或瞠目结舌，干脆把它弄得更为私密有趣一点。试试下面的例句：

　　什么令你热情如火？

列出你所知具有性意味的水果。

没谈恋爱时，你都吃什么？

你身体的哪一部位最有情色意味？

"躯体变成了大地景观"——美莉朵·乐苏尔——这句话会让你联想到什么？

你头一回感觉春情荡漾的时候。

倘若你不晓得情色是什么，就当做你明白地写下去。好啦，你有十分钟时间从上面例句中选定一句来写。记住要写得明确清楚，开始吧，让你的手不停地写，不要编辑。

A Tourist in Your Own Town

在本城做个观光客

透过一个观光客的眼光

观看自己所在的城镇

并开始用这种眼光

审视自己的生活

　　写作人描绘其他人不太注意的事物，比方说我们的舌头、手肘、水龙头流出的水、纽约市用的那种垃圾车、某小镇褪色路标上的紫色。我总是对我教的小学生讲："拜托拜托，别在你们的诗里再提麦可·杰克森、阿塔利（Atari）游戏和电视人物了。"这些人事物都已获得他们所需的关注，何况还有为了确保他们能普受欢迎而撒下的巨额广告。写作人的职责就是将平凡化为生动，唤醒我们留心简单中自有不凡之处。

　　当我们在一个地方住久了以后，往往觉得那里越来越无趣。我们不去注意身边的事物，出游因而变得如此令人兴奋。我们去到一个新地方，会以新鲜的眼光看待周遭的一切。我有位朋友住在纽约，她上一次去帝国大厦是小学五年级时的学校参观活动。当明尼苏达的朋友去纽约玩时，当然会想去那幢伟大的摩天大楼。她再度登上楼顶很是激动，不过要是只有她一个人，她绝对不会再上去，也不会有这份兴致。

　　写作人便是头一回从中西部来到纽约市的观光客，只是她从未离开过中西部；她透过一个观光客的眼光观看自己所住的城镇，并开始用这种眼光审视自己的生活。前不久我迁居圣塔菲，由于那里没有多少写作差事，我在当地一家餐厅里担任兼职厨师。星期天一大早六点起床，预备整天煮早午餐，我忍不住质疑起自己的命运。早上八点，忙着把胡萝卜切成斜刀块，我注意到胡萝卜橘红的色泽，因而想到了自己："这实在好深奥啊。"我爱上了这些胡萝卜，笑了起来。"原来我变成这样了！才一点点小事就让我如此心满意足。"

学着书写平凡事，歌颂老咖啡杯、麻雀、公交车、薄片火腿三明治。把所有你想得到的平凡事物列成一张表，以后想到什么再继续列上去。对自己许下承诺，离开人世前，在你的诗、短篇小说或报纸文章中，那张表上的每样东西至少都要提到一次。

Write Anyplace

处处皆可写作

只要我们写得热烈又专注

在哪里都无关紧要.

好，你的孩子正爬进早餐谷物包装盒里。你的支票户头里只剩一块两毛五。你的先生找不到他的鞋子，你的车子无法发动，你晓得你的生活中充斥着许多未能实现的梦想。这世界有发生核子浩劫之虞，南非有种族隔离制度[1]，屋外的气温零下二十度，你的鼻子发痒，而你连三个可以配成一套来盛晚餐的盘子也没有。你的双脚红肿，你需要预约看牙齿，你应该要放狗儿出去，你得把鸡解冻并打电话给波士顿的一位亲戚，你很担心你母亲的青光眼，你忘了替照相机装底片，超市的白鲔鱼块在大减价，你正在等应聘工作的回音，你刚买了计算机还等着拆开包装。你必须开始吃芽菜并戒食甜甜圈，你遗失了最心爱的一支笔，而猫咪在你正在使用的笔记本上撒了一泡尿。

拿出另一本笔记本，抽出另一支笔，只管写，写，写。在这世界的中央，踏出积极的一步；在一团混乱的中心，采取明确的行动。只管写，持肯定的心态活下去，时时保持觉察。只管写，写，写。

最后，世上没有十全十美的事，如果你想写作，就得明白这一点并提笔开始写。没有十全十美的气氛、笔记本、笔或书桌，因此请训练自己保持弹性。试着在不同的环境和场所写作：在火车上、在巴士上、在厨房餐桌上、独自在森林中倚着树干、在溪

1　本书写作时南非尚未取消种族隔离制。

畔把双脚泡在水里、坐在沙漠中的岩石上、在家门前马路的围栏上、在走廊上、在门阶上、在汽车后座、在图书馆、在午餐吧台、在巷子里、在职业介绍所、在牙科诊所候诊室、在酒吧的木头雅座上、在机场、在得州、在堪萨斯州或危地马拉、在啜饮可乐、抽着烟、吃着培根莴苣西红柿三明治时。

前不久我到新奥尔良，并参观了一座墓园。由于水位的缘故，每座坟都高于地面。我带着我的笔记本，在路易斯安那州酷热的天气中，坐在水泥地上，借着墓碑稀疏的阴影乘凉并写作。当我再抬起头时，已经过了一小时，我心想："这太完美了。"当时我的座位并不完美，可是只要我们写得热烈又专注，在哪里都无关紧要：这是种完美的状态。晓得自己无处不可写作，予人极大的自主感和安全感。只要你想写作，不论如何，你终究都会有办法可写。

Go Further
更进一步

我在写我最杰出的作品时

心往往是碎的.

每当你觉得已经把该讲的东西都讲完时，不妨再推自己一把，往前再走几步。有时你以为自己已经完成了，其实你才刚要开始呢。说不定那正是我们觉得已完成的原因。事情会变得越来越吓人，我们逐渐碰触到某件真实的事物。你以为自己言尽于此，如果再深入一点，某种强而有力的东西往往便在这时破浪而出。

记得我有个学生，她的母亲因癌症过世，她用一页篇幅写下这件事，文笔简洁而优美，可是她只写了一页便停笔。当她在课堂上念文章时，我总感到意犹未尽，并把这个感想跟她讲了。她微笑着说："嗯，因为十分钟的写作时间到了。"有需要的话，尽管写到十一分钟。我知道这样可能蛮令人害怕的，而且的确是失控了。不过，我向你保证，你可以突破到另一边去，然后一路哼着歌回来。开始哼歌之前，可能会哭个一会儿，但这无伤大雅。心有所感时，手只管不停地写。我在写我最杰出的作品时，心往往是碎的。

我在教年幼的孩子写作时，他们常常写出情节非常复杂的短文，可是他们并不努力去化解疑难，反而采用"这时我醒过来了"这一伎俩。如果你在写作时，一直不肯走完全程以彻底化解疑难，那么你不是从梦中醒来，而是背负着这个噩梦走上街头。写作赐给你一个泅向自由的大好良机。

即使你已经推了自己一把，并觉得已有所突破，也得再推一把。

一旦往前再游出去，在浪头上能留多久便留多久。请勿半途停下，那一刻不会一模一样地重现；现在不一口气完成，以后回头再写，将耗掉你更多的时间。

这是出自我个人亲身经验的谆谆忠告。让自己往自认为能力所及的地方更进一步。

Engendering Compassion

心生怜悯

自我们的痛苦中生发写作

终将促使我们对自己甚渺小

又时时在摸索的生命

产生怜悯

　　此刻我正在希腊的一个岛上：爱琴海、海边廉价的住房、裸游，以及让你坐在竹亭底下，啜饮茴香酒、品尝章鱼，并欣赏夕阳余晖的小酒吧。我三十六岁，同行的朋友三十九岁。我们俩都是头一回到欧洲，这里有什么我们都照单全收，不过都只吸收一半而已，因为我们时时都很忙，时时都在谈话。我告诉她我六岁时穿着粉红色芭蕾舞裙上台表演的事；那天我爸爸坐在第一排，一看到我出场，他便激动地哭了。她则告诉我她丈夫在内布拉斯加州一所天主教学校就读时，有一回他担任一部话剧的主角，演出时却迟到了，修女们竟叫全校学生跪下祈祷他快点出现。

　　星期二那天我觉得需要独处，想四处走走、写点东西。每个人一生中都有自己最恐惧的事物，我害怕的是寂寞。我们最害怕的事物，自然也是我们最有必要加以克服的事物，克服以后才能实现生命的梦想。我是写作人，写作人花很多时间独处写作。此外，在我们的社会中，从事艺术是很寂寞的。其他人早上都出门去上班，做结构性的工作，艺术家则活在组织化的社会体系之外。

　　我那天之所以选择独处，是因为我总想突破我的界限。正午时分，酷热难耐，我不想到海边，但中午时分到处又在午休。我开始纳闷，我把人生过成什么样子了。每一回只要我觉得无所适从或茫然若失，似乎就会开始怀疑自己整个的人生，我就会变得很痛苦。为了让自己及时自拔，我会告诉自己："娜塔莉，你本来打算写东西的，现在就写吧，我才不管你是不是觉得混乱又寂寞。"于是我开始写了。我写附近一间教堂、港口里的船，以及我在咖啡馆坐的那张桌子。但那时的写作过程并不好玩，我一直在想朋友不知何时才会返回。她并未搭五点那一班船回来。

我不懂希腊语，孤独一人，因而对周遭环境观察得更加敏锐。邻桌桌上堆了四季豆，四个男人坐在那儿撕着豆筋，脸朝着海的男人和他左侧的男人在争执着什么。码头附近一位黑衣老妇，正弯腰脱掉她的长袜。夕阳西沉时，我闲晃到一个陌生的海边，坐在沙洲上读起《非洲的青山》。我注意到有家小酒馆售有新鲜鲔鱼。我蠢蠢欲动，想与所处的环境产生关联。我非常想念我的朋友，然而借由恐慌，我反而达到突破，感觉沙滩、天空和我的人生合为一体。我沿着海滩走回去。

当我们在巴黎边走边逛时，朋友因为怕迷路，非常恐慌。我不怕迷路，真要迷路了，干脆就让自己迷路到底，最糟也不过如此。我查看地图，寻找该走的路线。我甚至喜欢在巴黎的大街小巷乱逛，搞不清楚自己身在何处。同样的道理，我需要孤独漫游，并学习享受独游的滋味。一旦孤寂难耐，便拿出地图，不慌不忙地找路，将自己推出迷宫，而无需纵身跳入虚无的存在处境，无所不质疑——"我干吗要写作？"

因此，当我们提笔开始写作，眼前却是空白的纸，一颗心拿不定主意，脑中空空如也，生怕自己毫无感觉——就从那里写起，从产生电力的地方写起。这是一种不加控制的写作方式，起头时，身处无知和黑暗当中，也不晓得最后的结果会怎样。然而面对那些东西，从那里写起，终将让我们敞开心房，向世界展露我们的本色。从恐惧的暴风中浮现的，将是一个真实的写作声音。

我在巴黎读了亨利·米勒的《北回归线》[1]，在倒数第二章中，米勒怒责法国迪戎的一所学校，他在该校当英文教员时，有如龙困浅滩。他批评校园里的死人雕像、日后将成为牙医和工程师的学生、冰冷刺骨的冬天，以及努力生产芥末酱的整座城市[2]，他对自己不得不在那里感到满腔怒火。接着，就在那一章的结尾，一天深夜，他坐在校门外，内心一片宁静。就在那一刻，他接受了他的处境。他明白了，一切事物皆无好坏之分，只要活下去就是了。

自我们的痛苦中出发写作，终将促使我们对自己既渺小又时时在摸索的生命产生怜悯；从此一残破的状态，恻隐之心将油然而生，我们将怜惜我们脚下的水泥地，还有在疾风中噼啪作响的干草。我们将可触及周遭的一切，我们以前觉得它们好丑，如今则看到它们特有的细节，比方剥落的油漆和灰暗的阴影——其实这就是它们的本色，没有好坏之分，且就是我们生活周遭的一部分而已。热爱生活，因为它是我们的生活，此时此刻，什么也比不上它。

1　亨利·米勒（Henry Miller, 1891~1980），美国作家，颇受争议的自传体小说《北回归线》是他的成名作。

2　迪戎以生产芥末酱著称于美食世界。

Doubt Is Torture

怀疑是种折磨

如果写好了一本书

却没人肯出版

那就

再写一本

我有位朋友计划搬到洛杉矶，希望能就近打入音乐界。他既会写曲，又会演奏乐器，而且也该是他跟着感觉走的时候了。片桐老师对他说："嗯，要是你真的有心要去，我们来谈谈你现在所持的态度。"

"呃，我会尽力而为，我觉得应该要试试看。如果没成功，也没关系，我会坦然接受。"

老师答称："这个态度是不对的，要是有人把你打倒了，你得站起来。要是他们再一次打倒了你，你要再站起来。不管你被人打倒多少次，都得再站起来，这才是你应有的态度。"

写作亦是如此。每一本问世的书背后，说不定有成千上万本无法出版的书。可是，我们还是得继续努力。如果你想写作，只管写吧。如果写好了一本书却没人肯出版，那就再写一本。你会越写越好，因为你已经有过更多的练习了。

每隔一个月我就会兴起停止写作的念头，心头会浮现如下的对话："这样做实在太愚蠢了，我赚不到钱，写诗没前途，没有人要读诗，写作太寂寞了，教我痛恨。我真是笨，我想要过正常的生活。"这些念头十分折磨人，怀疑是种折磨。如果我们全心全意投入某件事物，便能比较清楚地看出何时应该罢手。这是对毅力持续不断的试炼。有时我会倾听怀疑的声音，然后有那么一时半会儿会脱离正轨。"我想我改行从商算了，开家咖啡馆，让其他写作人可以到那里去，喝杯卡布奇诺、写写东西；不然，嫁人算了，生孩子，当家庭主妇，煮好吃的鸡肉晚餐。"

别听信怀疑的声音，它没有别的用处，只会让你痛苦消极。它就像你正设法写作时，心里那个对你挑三拣四的声音："那太愚蠢了，别那么写。你以为你是谁啊？竟然想当作家。"别去理会那些声音，它们有害无益。相反地，对你的写作要有怜爱之心与决心，保有幽默感和极大的耐心，相信自己正在做一件正确的事。不要被怀疑那只长着啮齿的小老鼠给咬到了，放眼去看看广袤无边的人生，并且对时间和练习保有信心。

A little sweet

一点甜头

重温生活的细节

通常会赐给我一种

平静与笃定的感觉

犹太教有项古老的传统，当小男孩开始上学，在他生平头一回读《摩西五经》（Torah）后，大人会喂他一口蜂蜜或一块糖。如此一来，他永远都会把学习和甜美的滋味连在一起。写作也应该是这样。从一开始就应该保持美好喜悦的心情，别和写作为敌，让它变成你的朋友。

写作是你的朋友，它永远都不会背弃你，倒是你说不定会多次背弃它。写作的过程源源不绝地带来生命和生命力，有时我从外头工作回家，心里又乱又烦，这时我便会告诉自己：“娜塔莉，你晓得你需要做什么，你需要写作。”我要是聪明的话便会听从，要是当时自暴自弃，或者正处于非常懒惰的状态中，便不会听劝，就继续忧郁下去。然而，当我确实听话时，它让我有机会探触自己的生命，这往往让我整个人变得柔软，让我得以再度拾回自我。即使我笔端写的是那天上午高峰时刻在公路上发生的细节，重温这些细节通常会赐给我一种平静与笃定的感觉。“我是个人；我早上醒来，开车上了公路。”

引述一句戈尔·维达尔 [1] 的名言：“每位作者和每位读者都知道，好的写作是最棒的旅行。”别担心写得好不好，只要写，便足以使你置身天堂。

1　戈尔·维达尔（Gore Vidal, 1925~），美国作家、剧作家、艺评家。

A New Moment

崭新的一刻

这世界是空虚的.

事物的兴衰都是无理可循的.

而这其中

蕴藏着多少机会啊

片桐老师从前常说："百尺竿头，更进一步。"听来好难哦，不是吗？你好不容易才觉得自己很厉害了，却不能停在那里，必须继续精进，修炼到更高的境界。换言之，你不能抱着你的成功或失败不放。"我写出了美妙的东西。"很好，不过崭新的一刻又已展开，写别的东西，别被你的成就或惨败弄得七颠八倒。不论遭遇什么情况，都要继续写下去，这会让你保持健康与活力。其实你也不确知自己继续向前能到达哪里，会不会一无所获，说不定真的能发现新天地呢。不管结果如何，事前都是说不准的，只管写就对了。

没有什么理由，郁金香逢春便会绽放。当然啦，你得先前埋下了球根，而这会儿时值四月，大地回暖。可是为什么花会开呢？除了地心引力以外，没有其他原因。地心引力又怎么会促使花开呢？没有什么理由。而且你当初干吗要埋下红色郁金香的球根呢？为了美，美就是美，没有什么其他道理。这么说，这世界是空虚的，事物的兴衰都是无理可循的，而这其中蕴藏着多少机会啊！你随时都可以提笔写，抛下你所有的失败，坐下写出伟大的作品，或者写可怕的玩意儿，并因而感觉很棒。

专教人如何赤足走在火烫煤炭上的东尼·罗宾斯（Tony Robbins）曾说过一件关于他签合同的事。以往，每逢他要在某个城市开班授徒时，承包商都会针对价钱和日程表等等，跟他讨价还价个不停。那一回，东尼决定要改变双方互动的气氛。他买了把水枪，在里头注满了水，然后把水枪放进他那件价值一千美元的西装外套口袋中。当双方在十楼的商务大套房里开始为钱起争执时，他掏出水枪，隔着大办公桌，向相对而坐的承包商射水。承包商惊讶至极，爆笑出声，顿时发觉他们年年都在讨价还价，于是掏出笔来，签下了合同。每一刻都是崭新的时刻，从来没人在商务会议上用过水枪，但并不表示有不准使用水枪这么一条规定。

就是现在，跨出去，摆脱你的抗拒心理，写出伟大的作品。现在正是崭新的一刻。

Why Do I Write?

我为何而写

我不解为什么即使有爱还不够

亦不解为什么到头来

我所拥有的，说不定只有写作。

"我为何而写？"问得好，不时问自己一下。没有哪个答案会使你停止写作，随着时光推移，你会发觉，形形色色的答复你都给过。

1. 因为我又笨又蠢。

2. 因为我想让男生对我刮目相看。

3. 这样我妈就会喜欢我。

4. 这样我爸就会讨厌我。

5. 我讲话都没有人要听。

6. 这样我就能掀起一场革命。

7. 为了写出伟大的美国小说，赚到百万美元。

8. 因为我很神经质。

9. 因为我是莎士比亚再世。

10. 因为我有话要说。

11. 因为我无话可说。

旧金山禅学中心的贝克老师（Baker Roshi）说："'为什么？'不是个好问题。"事情该怎样就怎样，海明威曾说过："为什么不重要，是什么才重要。"讲出切实且详尽的情报，至于为什么，就留给心理学家去伤脑筋。知道自己想要写就行了，提笔写吧。

不过，这是个盘踞脑海、值得叫人一再探讨的好问题。它的好处并不在于你终将找到一个理由，而在于你将看到写作如何以种种理由渗透充斥在你的生活之中。虽然写作可能具有疗效，但是写作并非治疗。你不会因为发现了你之所以写作是由于缺少爱，从而停笔不写。接受心理治疗则不同，经过治疗，你发觉自己猛吃巧克力是缺乏爱的一种寄托；知道原因后，(幸运的话) 你会戒掉贺喜巧克力条和热巧克力。写作比治疗深奥，你透过你的痛苦而写，就连你的苦难也得见诸笔端，接着让它随风而逝。

上写作课时，痛苦往往会浮现心头：丈夫之死、将夭折的宝宝骨灰撒到河中、一位逐渐失明的女士。学生们念出刚刚才写好的文章，我告诉他们，想哭的话，尽管哭，可是别忘了继续念文章。等他们念完，我们暂停一会儿，再请下一个人继续念。这么做并不是因为我们不在意他们的苦难——我们承认他们受苦了——但写作才是我们的目的。写作给了我们大好良机，让我们得以拾起内心所感受到的情感，然后赋予它们光芒、色彩和一个故事。我们可以将愤怒转化为冒着热气的鲜红郁金香，将悲伤化为十一月阴暗的天光下，松鼠四窜的一条老旧巷弄。

写作具有庞大的能量。如果你为写作找到一个理由，随便什么理由，似乎都不会否定写作这项行动，反而会让你益发燃烧自己，让光芒益发照亮笔端。问问自己"我为何而写"或"我为何想写"。不过别去思考这个问题，拿出纸笔，用清楚、斩钉截铁的声明来回答。每一项声明都用不着百分之百的正确无误，这一句可以和另一句形成矛盾。需要的话，甚至可以撒谎，好让自己写下去。要是你不知道自己为何而写，就当作你晓得原因，写下你的回答。

我为何而写？我写作是因为我一辈子都闭紧了嘴巴，而小我的秘密真相则是，我想要长生不老，也想要我的族人长生。人世的无常和时光的消逝令我心伤；欢乐的时候，一股悚然之感总会爬上心头，我感到一切终将消逝，为此我好不痛苦——明尼亚波利斯，这个位在神话般美利坚中西部的伟大城市，市区里海尼平大道上有间可颂快餐店，终有一天，我将再也喝不到它的热巧克力。我将搬到新墨西哥州，在那里，没有人会了解坐在店里看见午后天空突如其来的闪电、银白色的天花板、烤箱里隐约飘来的一阵阵可颂香味是什么样的感受。

我写作，因为我孤零零一个人，而且孤零零地游走在这世上。没有人会晓得我遭遇了什么，而更叫人惊讶的是，我自己也不晓得。这会儿是春天了，我不记得置身零下四十度是什么滋味。即使开了暖气，你也能感觉到死亡正透过你家薄薄的屋墙在尖声呐喊。

我写作，因为我疯了，精神分裂。我明白这一点，并接受这一点，所以我必须针对这一点做些事情，不然就得去住疯人院。

我写作，因为有些故事人们忘了讲，因为我是个设法在生活中振作的女人。我写作，因为据我所知，最有力量的一件事，就是用你的唇与舌形成一个字眼，或者想一件事，然后大胆地将之写出，好让你一辈子也没法收回。我正设法恢复生气，深入内心深处，带它们重见天日，并赋予它们颜色和形体。

我因为彻底感到茫然不解而写作，我不了解为什么即使有爱还不够，亦不了解为什么到头来，我所拥有的，说不定只有写作，但这样还是不够。我一辈子也无法硬生生吞下这一切，何况我偶尔得离开书桌、笔记本，转而去面对我自己的人生。还有些时候，唯有回到笔记本时，我才能真正面对自己的人生。

我因为伤心而写作，写作让我对伤心事处之泰然，让我自己坚强并回到安身立命之处，而那可能是我真正的、唯一的家园。

一九八四年四月，我在可颂快餐店写了上面这篇文字。换做是现在来写，可能会出现不同的回答。我们写在当下，反映了当时心中的想法、情绪和环境。不同的回答并无真伪之分，它们都是真实的。

当你内在那个絮絮叨叨的声音又浮现，质问："你干吗要浪费时间？干吗要写作？"只管一头栽进稿纸里就对了，充分准备好各种答案，就是别设法自圆其说。你想写就写，没什么道理。你写，是因为你想练好字迹，因为你是个大白痴，因为你爱透了纸张的气味。

Every Monday

每个星期一

峰面包机.

公路.

山峦.

路边的栅栏

都和我们生活在一起.

去年冬天，我和好友凯特每逢星期一便一同写作。我们早上九点碰头，一直写到下午两三点。有时，她劈头便讲："我们来写分离，好不好？写一小时。"由于在场就只有我们俩，写作时段终了，我们会大声向对方念出方才写的文章。由于我们先前手一直不停地写，因此写下的字数还真不少。

我们试过在不同的咖啡馆写，有一回甚至开了一小时车程，南下到了明尼苏达州的欧瓦托纳，好带她瞧瞧我很喜爱的那间由苏利文设计的银行。我们在对街的咖啡店里写作，当时我失业了，正在找工作，她则因获得补助，得以专心写作。

我告诉你们这件事，因为它很重要。我们乐于每周抽出一整天的时间全身心投入写作，是因为写作、分享和友谊都具有重要意义。我们选定星期一，也就是一星期的第一个工作日。请记住，当你的人生除了挣钱维持生活以外别无其他意义，而你发觉自己为此忧心忡忡时，请记住我和凯特。

我在耶路撒冷暂居的三个月期间，房东是位五十来岁的以色列妇人。她的电视坏了，打电话请人来修。工人来了四次才修好。"可是你早在他第一次来之前，就晓得什么出了毛病呀。他原可带着映像管来，立刻修好电视。"她一脸惊异地瞅着我。"没错，但是这么一来，我和他就没机会变成朋友，一起坐下来喝杯茶、聊聊修理的进度了。"当然了，目的不是要修电视，而是要交朋友。

这件事也值得记住。重要的不只是你在做什么——"我在写一本书"——还包括你怎么做、怎么去完成它，以及你重视的是什么。

有一回，住在我楼上的朋友说："娜塔莉，你和万事万物都可以交朋友，并不光是人而已。你和楼梯、门廊、汽车、玉米田以及云彩都可以做朋友。"我们是万事万物的一部分，一旦了解这一点，我们便会明白，在写作的不是我们，而是万事万物透过我们在写作。我和凯特透过彼此，透过星期一，透过街道和咖啡馆来写作，就像彼此渲染的颜色。

现实有很多种。当我们过度在意世上其他人怎么生活，或以为他们怎么生活时，应当记住这一点。我们只需在意我们自己的生活、想如何写作，想如何去碰触雨滴、桌子、音乐、纸杯以及松树。

先写十分钟，可收到很好的暖身或清醒作用，从"我是……的朋友"开始写，但列出的名单必须是无生命的事物。这样有助于将那些事物带进我们的生活范围中；烤面包机、公路、山峦、路边的栅栏都和我们生活在一起。当我们过度耽溺于自我时，做上述的练习以及和朋友一起写作，可以提醒我们抽离出来，反省一下。

More About Mondays

再谈星期一

我们写作是因为

我们热爱这个世界

我想再谈谈我和凯特共度的那些星期一。有一回，我们在她家一楼聚会。她的丈夫在楼上睡觉，孩子们则在托儿所；按摩桌上摆了架小暖炉，可是对我冰冷的双手并没有太大帮助。我们一根接着一根地抽着烟，并没有真正把烟吸进去，而是在喷烟。凯特像纽约客似的，脖子上裹着条围巾。

我们谈起我们身为写作人的声音，这些声音既强劲又大胆，但是作为一个人，我们却软弱得可以。就是这样造就了我们的狂热；当我们坐下来写这个世界时，对它怀抱着无尽的热爱，可是在世俗生活里，我们却又轻忽了它，两者之间形成一道裂痕。在海明威笔下，坐在渔船中的老人圣地亚哥有着无穷的耐心，可是海明威本人一旦出了书房，却会虐待老婆，并且酗酒。我们必须拉拢这两个世界。艺术是不侵犯他人的行为，我们必须在日常生活中实践这门艺术。

我们一整天多半在说话，只写了两个时段，一段二十分钟，并读了王红公¹写的一首很美的诗。不过我们并不在意。那一整天就是一首好诗，绵绵的友情，冰冷的脚丫子，喂猫，用烟蒂填满烟灰缸。要是我们当时够聪明的话，大可就这样混到晚上。可是我们却向彼此告别，孤独地回到各自的世界里。

片桐老师说："我们的目标是，一辈子时时刻刻都要对一切有

1　王红公（Kenneth Rexroth, 1905～1982），美国诗人，曾与作家钟玲合译中国女诗人作品。

知觉的存在怀抱善念。"这并不表示我们在写出一首好诗以后，就能蔑视我们的生活，咒骂我们的车，或是在高速公路上乱超车；而是意味着，要把诗带到书桌以外，带进厨房里。不论我们在经济社会里挣的稿酬是多么微薄，不论我们在杂志上得到的认同是多么微小，这便是我们身为写作人的存活之道。我们并不是为稿酬和认同而写作——不过，能得到稿酬和认可也挺好的。

在我们内心深处有个最隐秘的秘密，那就是，我们写作是因为我们热爱这个世界。那么最终为何不走进客厅、门廊、后院和蔬果杂货店，用我们的躯体完成这个秘密呢？让整件事情如花朵般地绽放：诗和写诗的人，并让我们对这世界常葆善念。

Spontaneous Writing Booths

即兴写作摊位

随信附上我在这十年来所写的

三首诗。

你下一次举行诗作朗读会时

请念念这些诗

在你的学校、教会、禅学中心、托儿所举行园游会、嘉年华会或义卖会时，别把自己当成局外人，以为自己没有东西可以贡献，摆一个即兴写作摊位就是了。你只需要准备好一沓空白的纸、几支写得流利的笔、一张桌子、一把椅子和一面招牌，上书"当场取诗"、"现场作诗"或"你命题，我作诗"。

我曾在明尼苏达禅学中心的夏日节和园游会活动中，摆摊售诗三年。一开始我很客气，一首诗索价五毛钱，但到了第二年就涨价成一块钱。一整天，摊前都有人在大排长龙。我请顾客随意命题，题目包括"天空"、"空虚"、"明尼苏达"，当然还有"爱"。孩子们请我写紫色、他们的鞋子、肚子的诗。我的规矩是把一张标准规格纸写满为止，不删改，中途也不停笔重读。我也不管写出的句子是否符合诗的格律，就像写我的笔记本一样，把一页填满。那是另一种形式的写作练习。

据说，日本有些伟大的禅诗人每写完一首美妙的俳句，便将诗稿塞进瓶中，然后将瓶子投入河中或附近的溪涧里，任它随波逐流而去。对任何写作人来讲，这都是一个不受羁绊的深奥例子。即兴作诗摊子虽是二十世纪的事，却有着一样的道理，即是在完全不自觉的状态下练习写作。光是写，而不重读，并让它散佚于世。有几回，当我写着写着，感觉自己真的搔着了痒处，但我还是把那张诗稿递给隔桌的顾客，然后回过头继续写下去。

卓扬创巴曾说，要经商，得先当个好战士。你必须无所畏惧，随时都愿意舍弃一切。设置写作摊位给了你当个好战士的良机：你必须割舍一切，因为你写好的稿子得立即交给顾客。如此快速写作会让你确实地放松控制，我写出来的，总是比我原本想说的多了很多。我真怕有个孩子请我写篇有关水果软糖的悦目文章，结果我却滔滔不绝地讲起看你吃的是哪种颜色的软糖，五脏六腑也会随之变成绿的、红的或蓝的。

不过，我们绝对不可低估人们，他们的确都想听真话。诗摊极度受欢迎，虽然美国社会并不特别支持诗人和作家，可是人们对于写作这件事却偷偷地怀抱着梦想和尊敬。十年前我还住在新墨西哥州道斯时，以五十美元的月租，租了一间破烂的泥砖屋。房东三十六年前在这屋里出生，但他恨透了这个屋子。当时他已迁居阿布奎基，是个事业蒸蒸日上的中产阶级保险经纪人。凡是选择住在他老家一带的人，都被他瞧不起。我像个热心的异国人士似的，爱透了那间屋子，一点儿也不在意厕所在户外、只有一个冷水龙头，以及烧柴的炉子。房东驾着他的大车子从大城市下乡来时，我多次设法对他表示友善。可是不论我怎么做，似乎都无效。我们活在截然不同的两个世界里。

有一天，我接到他快递来的一只厚厚的信封，心想："糟了，他要涨房租。"（每回只要我把屋子改善了一点，他就涨房租。）拆开封套时，先看到从地方报上撕下的一则新闻，报道我前一周举行诗作朗读会的事。一看到这张剪报，我立刻想到："糟了，他要赶我走。"结果，我读到的却是东尼·贾西亚的来信，他说："亲爱的娜塔莉：我了解到你是位诗人，随信附上我在这十年来所写的二十五首诗，你下一次举行诗作朗读会时，请你念念这些诗。"我做梦也想不到竟然可以用诗来和他交朋友。

一年前，我收到一位男士寄自旧金山的来信。信中说，他曾经十分迷惘，日子过得一团糟，因此加入了海岸防卫队；他只带了两样东西到海上服役：家人的照片和三年前我在明尼苏达园游会上替他写的一首诗。写那封信的时候，他生活过得很好，靠计算机赚了钱。他问我缺不缺钱用，缺的话，他很乐意寄点钱给我。他写道，他一直把我写的那首诗夹在他的皮夹子里。

老实讲，我压根弄不清楚那首诗的内容是什么，但是我希望诗中讲到了一些美好的事物，比方那天下午我们头顶上那些高大的枫树、马路对面湖上的光芒、溜冰鞋转动的声音、远方飘来吹奏萨克斯风的乐声，还有那年夏天能置身明尼苏达是多么美好的一件事。

摆设写作摊位是让人学会放空的大好练习。把一切都放空吧。从现在开始，完全做个写作人。

A Sensation of Space

令人心动的留白

春天离去

打着哆嗦, 野外

草丛间

——茶

当你想写某种形式的文字，好比长短篇小说或诗，就得多阅读那种形式的作品，看看那种形式是如何定调？第一句写了什么？作品如何结尾？你一旦大量阅读了那种形式，它便会深深地铭刻在你的心里，因此等你坐下，准备写作时，便会应用起那个结构。举例来讲，假如你是个诗人，但想要写小说，就得学习写完整的句子，而且不能从一个意象跳到另一个意象。阅读小说时，你的躯体消化吸收着完整的句子、确立场景的稳健手法；你晓得桌布的颜色，以及作者如何让笔下的人物穿过房间，走到咖啡桌旁。

如果你想写短诗，就必须消化那个形式的作品，接着练习写作同样的形式。试试看连写十首短诗，每首诗的写作时间只有三分钟，每首必须是三行。眼睛看到什么，比方玻璃、盐、水、光线的反射、窗户，便以什么当做诗名，就这样开始写。三行，三分钟，第一首诗的名字是"玻璃"。不要思考，敏捷地写下三行；休息一会儿，再写下一首；三分钟写三行，诗名为"盐"。如此这般地写下去，直到这种短促的思考已在你脑中结构成形，一旦你需要此一形式时，便可运用自如。特别是在写作短诗时，用字务必精简，诗名须拓展诗的面向，而非重复使用短诗内容已使用过的字眼。

踏火人东尼·罗宾斯表示，如果你想学会某项事物，就去请教已钻研三十年的专家，向他们学习；研究他们的信仰体系、他们的心智结构，也就是他们思考的次序；还有他们的生理机能，即他们在从事他们擅长的工作时，是怎么站、怎么呼吸，以及嘴巴是怎么闭拢的。换言之，以他们为榜样。这样一来，当你徒手去击木板时，你将不再是你，而是你所效法的空手道黑带高手，你的手不会受阻于木板，而会击穿木板。

这是件很好却也很难处理的事。徒有形式尚成就不了艺术，举例说，我们经由学习，得知俳句是日本的短诗形式，一首俳句有十七个音节，分成三行，句中往往会提及季节和大自然的某件事物。全美国的小学生都在学写这种三行诗，不过说实话，它们并不是俳句。如果你坐下来，好好读读由布莱斯（R.H. Blyth）精译的芭蕉、子规、一茶和芜村等四大俳句名家的作品，便会发觉，他的翻译其实根本并未遵照俳句的形式，也就是全诗共十七个音节，第一行为五个音节，第二行七个，第三行五个。日文是和英文迥然不同的语言，日文中每个音节所负载的意义远大于英文的音节。因此，要用英文作俳句，只要写三行短句便可。"好啦，我懂了，我研究过布莱斯的翻译，写三行短句就是俳句了，而且用不着细数一共有多少音节。"话是不错，然而是什么让写出来的东西是俳句，而不只是首短诗呢？

如果你读过很多俳句，就会发觉俳句中会蓦然出现转折，诗人在那时刻便会作巨幅的跳跃，读者的心智得加紧直追。这会在读者的心灵中产生小小的令人心动的留白，而那简直就是体验到神的存在的一刻；当你有这种感觉时，往往会不由自主地脱口喊出"啊"。读读由布莱斯译的几首俳句 [1]，慢慢读，读完一首，休息一下后，再读下一首。

草丛中

一朵白花绽放

其名不晓

　　——子规

春天离去

打着哆嗦，野外

草丛间

　　——一茶

紫藤的

香氛和色彩

仿佛离月儿很远

　　——芜村

雄鸡啼叫

我多么渴慕

逝去的双亲哪！

　　——芭蕉

1　 "子规"和"一茶"的俳句摘自《俳句：东方文化·卷一》(Haiku: Eastern Culture, vol.1)，译者：布莱斯 (R.H. Blyth)，出版地：东京，出版社：北星堂书店，出版年代：1981。"芭蕉"和"芜村"俳句摘自《俳句：春天·卷二》(Haiku: Spring, vol.2)，余同上。——原注

　　那种令人心动的留白是写作俳句的真正考验。不论我们能把三行诗写得多么好，都需要多加练习，才能把那种体验到神的感觉注入三行诗句里。芭蕉曾说过，一生只需写出五首俳句便算是俳句诗人，写出十首便是大师。

　　我们可能得先写三本小说之后，才能写出一本杰作。因此，形式固然重要，我们应当学习，但是我们也必须记得为形式注入生命。要达到这一点，就得多多练习。

A Large Field to Wander In

任人漫游的广袤原野

常念及生命无常

并不荒唐可笑

反而能让我们

活得更有生命力

更有现实感

并时时保持醒觉

　　三个夏天以前，大卫在明尼苏达州北部上了一周我所教的密集写作班。班上共有二十位学员，其中有几位是休假来上课的教师，其他则是在其他行业有固定工作的成年人。他们对写作都很有兴趣，不过不少学员第一天早上上课时，都颇为腼腆，而且非常紧张。我按例先来段精神讲话，鼓励他们相信自己的声音，说出他们需要说的话。接着，我们做十分钟的写作，然后大伙儿围成一圈坐好，念出方才写的东西。有人一边念，一边发抖。这并不见得是因为他们第一天早上便写出什么惊天动地的文章，而是由于头一回把自己的心声赤裸裸地呈现在一群陌生人跟前。有人念出他们的童年、农场、他们有多紧张。一切如常展开，直到大卫很大声地念出：

　　自慰，自慰，自，自……慰、慰、慰、慰……

　　当然，人人都吓醒了。

　　在那一星期当中，除了这个，大卫没写什么其他题材。如果光是根据这种写作来看，有人会纳闷我为什么对大卫的能力深具信心。可是我真的很有信心。他打从一开始便打破所有的造句规则，说出他需要说的话，而且在我们所有人惊讶的眼光中，他始终都相信自己的声音。我也在他的文字中感受到很大的能量，并且知道，只要他能驾驭那股能量，便能转而写作其他题材。接下来两年，他都会来上写作班。我佩服他的决心，也很欣赏他的幽默感（虽然有时在座的只有我在笑），诚然，常常没有人能真正理解他在讲什么，我却对他文字背后的能量很有信心。

我常有学生一着手写作，就做到前后连贯；他们能写出完整的句子，善于描绘，留意细节，并且写得头头是道。在位于中西部核心的明尼苏达，几乎人人皆可写出这样的程度。我听过关于龙卷风、冬日、老祖母的故事，可是多年听下来，却感觉在他们的作品里看不到潜力。由于他们写得的确不错，因此不愿意脱离熟悉的事物，打破自己的世界闯入新领域，进入未知的天地。记得在一次周二晚间的课堂上，每个学员的习作基本上都又扎实又好，我无法动摇他们，但我希望他们嘴角流涎，活像无忧无虑的大傻瓜，漫游徜徉在陌生的原野上。那堂课即将终了时，学生们都热切地想弄明白，却不能了解；我则热切地想动摇他们，却没办到。我突然停下，说："我晓得问题出在哪里了！你们没有人曾经嗑过药。"

我的意思可不是说非得嗑药才能成为好作家，而是说，人生在世，偶尔应当疯狂一下，失控一下，用不同于平时的观点看问题，并了解到这世界并不是我们所以为的那样；世界并不扎实，并没有明显的结构，也不是不朽的。我们总有一天会死去，这一点是无法被左右的。不用嗑药，独自到森林待个三天。如果怕马，就买匹马，跟它做朋友。拓宽你的疆界，冒险走偏锋一阵子。我们表现出一副我们将永垂不朽的模样，并陶醉在这个幻觉中。事实上我们并不知道自己何时会死，我们希望能寿终正寝，但可能下一分钟就会丧生。常念及生命无常并不荒唐可笑，反而能让我们活得更有生命力，更有现时感，并时时保持醒觉。

我相信，大卫虽任意驰骋飞翔在他写作的天地中，但有朝一日他终将降落地面，向活在明尼苏达州坚实土壤上的我们清楚显现他眼中的世界；他将盘旋下降，像射箭高手般，精准击中靶心。他给了自己很大的空间。如果你一开始便过于精确，接下来虽不会走偏了路，却绝对无法正中靶心，无法让自己笔下的文字与放之过去、现在、未来皆准的真理相互激荡。

重点在于，大卫有决心，并且坚持不懈地写。他最近开始攻读明尼苏达大学的写作硕士班，以学习写完整的句子、头头是道的随笔散文和回忆录，并安歇平静他的那股能量。听说这件事时，我并不觉得太惊讶。大卫写了以下这段文字：

腿　　大卫·李伯曼　作

看着《红炭》封皮上

杰拉德·史腾[1] 和杰克·吉伯特的照片——

杰拉德走路的样子

1　Gerald Stern (1925～)，美国现代诗人，《红炭》是他的诗集。

我爱他，

我爱他的躯体，

他的双腿包裹在松垮垮的裤子里的样子，

让它们如狮子般地挺立，

他的步伐敞开，心灵开放，

绕着巴黎全部的汁液旋转，

闪烁的双腿，如装饰艺术

如纤细的槽，

有思想的腿。

我爱一九五○年走在巴黎的杰拉德·史腾。

我自己走在旧金山的教会区，

二月，与唐

还有墨西哥的年轻男人和女人们

也用他们的腿来挑战这世界。

唯有在城市才会看见

身体在那里发挥化学作用，吸收

马路的、店铺的、汽车的、电车的、噪音的

所有力量

以及他们组织和分解

声音与视觉与嗅觉的千百种方法

一切如地下铁栅栏溢出的

蒸汽般袭来

而后被人的躯体收集

并解放了他们的心。

铃木老师在《禅心，初始之心》中说：“管理人群的最上策，就是鼓励他们淘气。如此一来，他们便会受制于这种较宽广的知觉。给你的牛或羊一片广袤的牧草地，这才是管制牛羊的办法。”你也需要一片宽敞的写作场域。别太快扯缰绳，给自己庞大的漫游空间，做个彻底迷途的无名氏，然后重返故土，开口说话。

The Goody Two-Shoes Nature

乡愿的个性

感觉一个能接受国民教育

学会读书认字

用我们的橡皮铅笔

在印了蓝线的白纸上拼字

是多么美好的一件事.

　　就像从事任何运动一样，为了让写作进步，你就得勤加练习。不过，不要只是盲目地定期练习，尽责了事。"是的，我今天已经写了一个小时，昨天也写了一个小时，前天也一个小时。"别光是把时间写满为止，这样还不够，你必须非常尽力。当你坐下习作时，应乐于把整副生命放进字里行间。不然的话，你只不过是机械性地推着笔横过纸上，并且不时地看一看时钟，看时间到了没有。

　　有些人听从"天天写作"的原则，照章行事，却没有进步。因为他们只是在尽责任而已，这是种很乡愿的做法。这么做不啻在浪费能量，因为人需要花很大的力气，才能在没把心放进去的情况下照章行事。要是你发现这正是你基本的心态，干脆停笔。停止写作一星期或一年，等到你渴望说些什么，等到你觉得不吐不快，再回来写作。

　　放心，你并没有损失时间，你的能量会更直接且比较不会被浪费掉。这并不表示"好极了，我先停笔一阵子，回来以后就会渴望写东西，而且不会再有困扰"。困扰永远会有，不过你内心深处的情感余烬将得到空间和空气，正开始死灰复燃。你会更有心投入写作，为写作献身的决心也更加坚定。

　　此外，最好记住，如果你已经拼命写作了好一阵子，比方数周、一个月，或一整个周末分秒不停都在写，就应该彻底地休息一阵子，去做些截然不同的事情，别再想写作的事。去粉刷看来又暗又丑的客厅，把它漆成白的；试着依照你从地方报上剪下的食谱，烘焙一些甜点。把全副力气放在别的事情上。用整整两周时间来报税或陪孩子玩。你将慢慢体会到自己的节奏——何时需要写、何时需要休息。这会让你和你自己的关系更加深刻，而不是盲目地依循规则。

我想起了曾和我同游欧洲一个月的一位好友。那年她一方面得教书，另一方面得抚育四岁大的儿子，非常忙碌。在欧洲的那一个月，她决心一天抽出一小时来写作。她的那副模样我看了很难受，因为不管教书也好，洗衣烧饭也好，还是提笔写作也好，她都只是在尽尽责任而已。

从我们的谈话中，我发觉她在读中小学时，从来不曾缺过课，就连生病时，她母亲也坚持要她上学。一直以来，我们都被教导做人行事得守规矩，可是我们从未思考过这些规矩的价值何在。我住在明尼苏达的六年期间，好些认识的人都深以为荣地告诉我，他们中小学时代都保持全勤纪录。但我实在看不出上课全勤的真正价值。没错，学生每到校上课一天，校方便可得到政府一天的补助，而且全勤意味着可靠、坚毅和有规律等美德。我们固然应该学习上述节操，可是学习方式不应非黑即白，不知变通。

在黑白之间，应该也要有灰色和蓝色的踪影。我们有时得看牙医、为小狗死掉而伤心、有犹太节日或美洲印第安节日要过、会喉咙痛，或奶奶会来家里玩。生活是很了不起的，我们规律的日常生活应该带有弹性，这样我们才会得到空间去感觉一下能接受国民教育、学会读书认字、用我们的黄皮铅笔在印了蓝线的白纸上拼字是多么美好的一件事。

写作时也需要这样的弹性和空间。写作必须要全心投入。是的，手不停地写了一小时后，你会有好几页纸上都写满了字。然而归根究底，你无法愚弄自己。你必须进入灰色和蓝色地带，进入你的情感、希望和梦想之中。到了某个节骨眼上，你必须有所突破，要是没在眼前的写作时段达成突破，下一段再努力。假如你写了多年，已经烦了，那意味着你和你自己以及写作过程并没有联结在一起。倘若在你那乡愿的个性底下隐藏了想当作家的秘密心愿，可是你所做的努力却只是抽空写写而已，光这样是不够的。

有时，你必须改变生活中其他的东西才能获得进展，单只是写并不够。有天晚上在米兰机场，和朋友各喝了一杯葡萄酒后，她问我："那你觉得我会不会成为作家？"我不能不说实话："嗯，我想你的生活会过得很好，会抚育出个好孩子，并拥有一个美满的婚姻，可是我不知道你会不会成为作家。"她把酒杯重重一放，说："我才不会把一辈子都花在星期天煮热狗上！"这是她在那次旅行当中最中气十足，措辞用语也最具创意的一段话。那个月终了，她断然决定辞掉十一年的教学工作。在那之前的好几年间，她对这份工作已感到厌倦；她决定尝试一下她一直想做的一件荒唐事——当吧台调酒员。在那次旅行的最后几天，她笔下生气勃勃。

我住在中西部时，很喜欢在玉米田里散步。我会开车到农场，停好车，在一排又一排的玉米丛间走上好几个小时。秋天时分，你会听到干玉米秆飒飒作响的声音。我邀一位朋友与我同行，她当场的反应是："可是这样做不是违法吗？那片田地难道没有主人吗？"非常精确地讲，她讲的是真话，可是我又没有损害到任何东西。从来也没有人表示不高兴，有几回我遇到拥有玉米田的农夫，他们都同意让我在那儿逛来逛去，对于我这么喜欢他们的田地，还稍稍有些得意呢。

感受当下的情境是很重要的，不要在事前即自我设限。要是田地四周围了铁丝网，那意思就很清楚，我自会明白。与其遵守规则，不如对众生心怀善念。立下规则是为保护事物不受伤害或滥用，只要心存良善，不必参考法规，自然而然也会行善。我晓得不可以摘玉米，也不可踩它的根，而且我只走在两排玉米之间。

别为了当大好人而当大好人，所谓大好人这个说法很不切实际。走进玉米田中。全心投入你的写作。勿设定规矩——"我每天都得写"——而后麻木地照章行事。

不过请注意，就如我的朋友为了更深入写作的天地，必须要改变她的生活，反过来说也是如此。一旦你深入写作的天地，便无法抽身而出，宣告玩完之后，就回家"乖乖做人"，而且不讲实话。如果你在习作时下笔彻底坦诚，那么诚实的因子便会渗进你的生命之中。

你不能在写作时挺起腰杆，放下笔来却又伛偻着身子。写作可以教导我们说实话的尊严，并让这份尊严从纸页延伸扩及我们生活中的点点滴滴，而且理当如此。不然的话，我们作为写作人的身份和我们日常生活的方式之间，会存有太大的落差。让写作教会我们生活，让生活教会我们写作，挑战就在这里。且让它彼此来来去去流荡不息吧。

No Hindrances

毫无阻碍

除写作之外，

别的我都不要

——这将是我余生在这世上

所要走的路

我必须一次又一次地记住这一点

我到新墨西哥州的道斯参加一场婚礼时，和十年前在喇嘛基金会认识的一个人聊了起来。我记得那年夏天他亲手耕种一整畦豆田。他现在是个营造业者，并表示他知道自己内心真正想要做的是写作这一行。"可是干营造比较容易。"我向他提起这本书，以及之前一天我是如何不情愿写作，抗拒心之炽烈为历来最强的一次。"我想尖叫呐喊，想放把火烧了我的打字机，再也不要写作。"

"是啊，可是不干这个，又能做什么？"他直视我的眼睛问道。

"没有别的路了。"我明白这是实话。

当你什么都尝试过了——结婚、当嬉皮、云游四海、住在明尼苏达或纽约、教书、灵修——你终于接受写作是你的志业，你没有其他的路可走。所以，不管你有多么不情愿，总会有一天，总会有第二天，前头总是有写作这项工作。你不能指望天天都能写得很顺畅，事情不会是这样的。有一天可能顺利得不得了，生产力旺盛，但下一回提笔再写时，却丧气地直想报名上船，出海到沙特阿拉伯去算了。写作这件事是没个准的，你可能以为一口气写了三天，你终于创出自己的节奏；然而接下来的一天，唱片却跳了针，一路吱吱作响，讨厌极了。

眼光放远一点，你的使命乃是写作，或找出写作的意义。在各种情况下都要继续写，不过别太拘谨严苛。如果有一天在你预定写作的时候，却不得不带孩子去看牙齿，那就在牙科诊所里写，或干脆不写。只要念念在兹你对狂野、傻气又美妙的写作练习的使命便行。

要对习作永葆友善的态度。回到朋友跟前，可比回到敌人身旁容易得多。十三世纪的禅学大师道元说："日日是好日。"这句话便是我们对写作所该怀有的终极态度，纵然我们有好日子，也有坏日子。

两年前，我获得一笔写作奖助金，因而得以休假一年半，专心写作。我的写作节奏最多只能持续四五天，再长就没办法了。我试着从早上九点写到下午一点，刚开始效果不错，后来就不行了。我换成从两点写到六点，奏效了一阵子。后来又改成想写就写，效果时好时坏。我每周更改一次计划表。我有机会尝试一天当中的各个时段，但没有哪个时段是十全十美的。重要的是，不论我试过多少种不同策略，绝对不要放弃和写作交朋友。

把写作当成呼吸一般。你到院子里做园艺，或去搭地铁，或去教书时，都不会停止呼吸。写作就像呼吸一样，也是基本的事。下面是我在笔记本里找到的一段文字，写于一九八四年七月二十七日：

我知道，用我那疲惫又老大不情愿的脑子来工作，是我在这世上所能遭遇最深刻的事。这不同于我偶尔感到的愉悦和狂喜，或灵光一闪的觉悟，而是接触日常生活的细节核心，并伫立在这核心当中，不断地写作；这让我敞开了心房，使我如此深刻地感受到温柔慈悲，从而对周遭的一切起了热切的怜悯心。不只是我跟前的这张桌子和可乐、吸管、冷气机、七月的这一天里在内布拉斯加州诺福克过马路的这些人、一闪一闪显示 4：03 的银行电子时钟、在对面写作的我的朋友，也包括了不停旋转的回忆、我们内心深处的渴望，以及我们每天都得竭力应付的苦恼；凡此种种，都自然而然地从我体内流泻到在纸上运行的笔端，并打破了我脑袋中思想的硬壳，以及自设的局限。

　　因此，当个写作人是很深奥的，是我所知最深奥的一件事。我想，除写作之外，别的我都不要——这将是我余生在这世上所要走的路。我必须一次又一次地记住这一点。

A Meal You Love

你爱吃的一餐

星期二早上在冷飕飕的厨房里

所吃的那根香蕉让地球停止了转动

要是觉得写作不顺，写出来的东西看来都很假，那么就写食物吧。食物永远实实在在，而且是我们每个人回忆往事时，都记得起来的一件事物。我教过一个写作班，不论怎样都没有进展，每一次习作都只制造出一些平淡无味的文字。有一天我福至心灵："这么着，你们有十分钟时间，写写你爱吃的一餐。"结果写出来的文章活泼有力，充满生动多彩的细节，丝毫不会失之抽象。课堂中活力洋溢。一讲到食物，人人都晓得自己爱吃什么，观点都明确，具体又清楚。

失落的一代诗人黛安·狄普利玛（Diane Diprima）写过一本名叫《晚餐和梦魇》的书，书的前半都在叙述她吃过、煮过的餐点，还有用餐的客人名单和食物材料的购买清单。其中有一篇精彩的文章讲到她在纽约市，一整个冬天都在吃巧克力夹心饼干的事。这本书让人读来兴味盎然，怎么也读不腻，因为我们大家都爱吃。

写写你最爱吃的东西，要写得明确清楚，把细节都告诉我们。你是在哪里吃的？当时还有谁在场？当时是哪个季节？你上周吃过的最美味的一餐是什么？"星期二早上在冷飕飕的厨房里所吃的那根香蕉让地球停止了转动。"

从餐桌、奶酪，和隔桌而坐，有着一双碧眼的老友；从玻璃水杯、条纹桌布、刀叉、厚厚的白色盘子、生菜色拉、奶油和一杯淡粉红色的葡萄酒，你可以恣意地扩展你的回忆、时空和意念，前往以色列、俄罗斯，到宗教、树梢和路边人行道上。而你的出发地点，就是正在你眼前，某样清楚、具体且美味的东西。

好吧，就算你们当中有些人不擅社交，这辈子没吃过一顿像样的餐点，阮囊羞涩，而且一个朋友也没有，那么，就从你最近吃到的不新鲜奶酪三明治写起；当时你置身于第一大道家徒四壁的公寓里，两天前喝剩的咖啡里还漂着蟑螂的尸体。这就是你的生活，从这里开始写起。

Use Loneliness

利用寂寞

品尝孤绝的苦涩滋味

而从那里开始

为所有曾经孤单的人

相濡以沫并且相怜惜

昨晚我和一位老友坐在我的客厅里。"哎，娜塔莉，我知道你讲过寂寞的感觉，不过上个星期当我寂寞得不得了时，我觉得自己是世上唯一懂得寂寞是什么滋味的人。"寂寞正是这么一回事。只要我们觉得跟别人有所关联，哪怕是其他寂寞的人儿，就不会再感到孤单了。

我和丈夫分手时，片桐老师对我说："你应该独自生活，应该熟悉那种状态，那是人最终的住所。"

"老师，我会渐渐习惯寂寞吗？"

"不，你不会渐渐习惯。我每天早上都冲冷水澡，而每天早上都被冷得吓一跳，可是我继续站在淋浴喷头底下。寂寞永远会咬噬人心，但是得学着挺身迎向它，别被击垮。"

同年稍后，我又去拜见老师。"真的很难受，我回到家，孤零零一个人，心里变得好慌。"他问我，一个人的时候我都做了些什么。顿时，事情变得有意思了。"嗯，我洗碗盘、做白日梦、在纸上信笔乱涂、画些心形，然后着色；我拾起盆栽里的枯叶、听很多很多音乐。"我开始研究起自己的孤绝处境，并产生了兴趣。我不再有挣扎。

写作可能会很寂寞，有谁会去读？有谁在乎？有个学生问我："你是为自己写作？还是为读者而写？"写作时，想象你正与他人分享你的看法；走出寂寞的深壑，向另外一个人表达自己。"当我住在中西部时，便是这样。"写出来，他们才能了解。艺术就是在做沟通。品尝孤绝的苦涩滋味，而从那里开始，与所有曾经孤单的人相濡以沫并互相怜惜。写作时，引领自己在心里想起某人，想着要向他倾诉你的生活；透过写作，让自己靠向另一个寂寞的灵魂。"八月底一天的傍晚，我独自驾车穿越内布拉斯加州时，心中的感触就是这样。"

运用寂寞。寂寞的苦楚使你迫切想要和世界重新联结在一起。拾起那份苦楚，运用它来驱策你更深入表达自己的那股渴望；张开嘴，说说你是谁，还有你有多么关心灯光、房间和催眠曲。

Blue Lipstick and
a Cigarette Hanging
Out Your Mouth

蓝色口红和叼在唇边的一根烟

穿一身白衣

颈上挂个听诊器

——什么都好

只要能让你从另一个角度来看世界

就行了

有时候我们就是一筹莫展，觉得很无聊，对自己、对自己的声音，以及平常的写作题材都感到厌倦。就算到咖啡馆写作也无济于事时，显然就是该另寻出路的时候了。把头发染成绿色，指甲涂成紫色，穿鼻环，女扮男装或男扮女装，烫头发。

事实上，往往一个小小的道具便能让你的心另辟天地。当我坐下写作时，唇边常叼着一根烟。如果是在一家悬挂有"请勿吸烟"告示的咖啡馆中，我就不会点燃那根烟。反正我也不是真的爱抽烟，所以无所谓。那根烟是个道具，帮助我梦想走进另一个世界。要是我平常有抽烟习惯的话，这个办法就行不通了。你需要去做平常不会做的事。

借穿朋友的黑色机车皮夹克，俨然地狱天使般，从咖啡馆一端走到另一端，然后坐下写作。戴顶贝雷帽，套双室内便鞋并披件睡袍，穿上工作靴、农夫连身工作服、三件头西装，用一面美国国旗包裹身子或者戴着一头的发卷。在你平常坐下写作时不会出现的状态中，坐下来写作。试试看在大张的画纸上写。穿一身白衣，颈上挂个听诊器——什么都好，只要能让你从另一个角度来看世界就行了。

Going Home

回家

我不但是个犹太人

也是个美国人

女性主义者　写作人　佛教徒

　　"当我在纽约看她的艺展时，想要对她说，画中有什么东西不见了。她需要回到在内布拉斯加州北布雷特的老家，她需要去完成这个圆。"我无意间听到一位朋友正在告诉另一位朋友。

　　如果你想要你的作品达到完整，回家是很重要的。你不必搬回去和父母同住、每周领零用钱，但是你务必宣示清楚自己的来处，并深入检视你的根源。显扬并拥抱它，或者最起码的，接受它。

　　我有位文友的丈夫是意大利后裔，她老是写他的家族和他们餐桌上的家族谈话。我告诉她："这题材很棒，可是我无法完全信服，除非你也讲讲你的家族。告诉我身为中上阶级白人新教徒是什么滋味，我真的一无所知。"我们往往注意到别人的生活有趣，但自己的却很乏味。我们失去重心，而且一面倒，因为我们正在寻觅我们以为自己并没有的东西。我们表现得像饿鬼似的。这并不表示我们只能写关于自己的事，而是我们应能以宽容大度的心，看看我们自己以外的世界。"我很富有，他们也富有。"

　　我习禅多年，大约在一年半以前，我越坐禅，就越感觉到自己是个犹太人。我向片桐老师请教，他说："这事很合理，你越坐禅，越能成为真正的自己。"我开始感觉到，我对自己的文化传统一无所知，却一直自大地不肯正视它。

　　你从何处来会影响到你的写作，连语言模式亦会受到影响。我常常不自觉地以希伯来祈祷文和赞美诗的韵律来写作，运用那种反复吟诵的手法。虽然我的家人并不算很虔诚，但是在犹太教最神圣的节日（译注：High Holy Days，指犹太历第七个月的第一天至第十天，亦即犹太新年至赎罪日），当人们一边祷告一边摇晃身躯时，我都在场。年幼的孩子是很敏感的，这也就是语言的韵律进入其身体的时候。我曾听过一种说法，那就是，有些诗人之所以伟大，并不在于他们说了什么，而在于他们能够应和某些语言韵律的能力。

你在练习写作时，常会扣紧某种形式，可能是你每周日在教堂听到的讲道声、摇滚乐的节拍，或者你以四健会员身份参加农品展时听到的主持拍卖声。你并没有写下讲道的内容，却把铭刻在你心上的那种模式，用自己的话和感觉写了出来。那个模式提供你一个表达的途径，就像插上插头，通了电一样。

此外，你的家族和地域也有迷人的说话方式，去了解它，欣赏它。"哟，蓝玉米！"一个得州男人看到我的双肩背包有多重时，脱口而出说了这句话。当我问了一个荒谬可笑的问题时，祖母说："马会生橘子吗？"列出一张你家人所使用的所有表达方式的清单，并把它们写进你的文章里。

不过，回家以后可别赖着不走。你回家是为了得到自由，是为了不逃避真正的自己。如果你想逃避什么，在你的笔下便会显得一清二楚。比方说，假如性令你不自在，别人都会看出来，因为在你的文字中，不是从来不提性这一回事，活像你笔下的人物角色、动物和昆虫，全部都是无性的；不然就是走向另一个极端，老是在写妓女和色情片。你应该走中庸之道，一条让你感到自在的道路。

我们听到有人回到了自己的根源，这样很好，不过别陷在根源里走不出来。根上还有枝丫、叶子和花朵，全都伸展向无边无际的天空。我们不可画地为牢。我在以色列寻根时领悟到，我不但是个犹太人，也是个美国人、女性主义者、写作人、佛教徒。我们是现代纪元的产物，这让我们的生命丰富，却也使我们陷于进退两难的处境。我们并不只有一种身份，我们的根变得越来越难挖掘。虽然根很重要，但也是最容易逃避的事物，因为根里头往往埋藏着痛苦——这就是当初会离开我们的根的原因。

我刚搬到明尼苏达时，杰出的诗人吉姆·怀特（Jim White）对我说："无论如何，不要变成区域型作家。"别让自己坠入坐井观天的陷阱中。在你描写爱荷华州的乳牛如何伫立、如何低头吃草时，请同时也对在俄罗斯、在捷克的乳牛怀抱怜悯心，同情它们终将死亡，都将面临被炖煮成菜肴，盛在碗里或盘中端上桌，喂养地球两边的人们的命运。走进你住的地区，但别停下不走，让它激起你想检视并仔细看看这世上更多地方的好奇心。

当我开始着手研究犹太教时，我无法只守着虔诚祈祷的教徒。我自觉不能不去正视犹太惨遭大屠杀的痛苦、以色列的历史，以及我族子民浪迹天涯的整个故事。借由这个，我生平头一遭对美国以外的政治运动和人类的奋斗产生了极大的同理心。只要你能和某一族的人心有戚戚焉，那么便可能会对所有的人都怀有怜惜的心。在以色列，我感觉到生活是多么艰难。但不只是犹太人，我也了解到阿拉伯人所承受的苦难。审视我的根，令我得以感受到行走在那块土地上每个人的痛苦。

所以，回家吧。这样做并不是为了让你能夸耀说："我伯父在二次世界大战时是个上校呢。"而是为了让你能够安静且清楚地渗进你自己的族群中，并以那里为起点，去了解所有的族群以及他们所做的奋斗。

所有的写作人或多或少都期待为人所知，因而开口发言。这就是一个让你的读者更深入你心灵的机会，所以你可以用深刻的见解来说明身为天主教徒、男人、南方人、黑人、女人、同性恋者、人类等，代表着什么意义，因为，对此你了解得比谁都透彻。了解真正的自己，并从那里着手写起，你将增进世人彼此的了解，从而帮助这个世界。

A story Circle

故事圈

一旦讲起故事

你便会听得如醉如痴

让你别无所求

在道斯时，我曾召集过好几次说故事活动。我邀请了住在塔尔帕、卡森、深溪和干溪等山城附近的朋友到我家聚会，大伙儿围成一圈坐在地板上。你可以听到隔邻夏尔家传来的山羊铃铛声，而我晓得比尔·孟托友又偷偷地把他的绵羊赶到我家花园附近，让羊儿吃那里长得特别高的野荸。

我在由大约十个人所围成的圆圈中央点燃了一根蜡烛，烛光有助于制造魔幻的感觉。接着我向大家说："好，告诉我你真的很快乐的一次。"在其他的聚会中，我要求说："告诉我们你真的很喜欢的一个地方。"或"你真的很沮丧的一次"，或"讲讲你所知道最不同凡响的故事"，或"你很爱说的故事"，或"讲讲你所记得的，发生在上星期的某一神奇时刻"。

我们绕着圆圈轮流发言，那些故事让我们一听难忘。事隔七年，我仍然记得很清楚。

瑞克：在我儿时纽约州拉奇蒙的老家后院，有一棵高大的榆树。六岁的我总爱爬上差不多树顶的地方，到我最喜欢的一根枝丫上头。深秋时分，树叶都掉光了。我躺在我最爱的那根枝丫上，双臂环抱着它。我闭上双眼，风徐徐吹着，那根粗壮的枝丫随风摇晃，我也跟着一起摇晃。我永远也不会忘记爱上那棵树的感觉。

拉克伦：有一年夏季，我在俄勒冈州当森林巡山员四个月。那整段期间，我都孤独一人，那个夏天我难得穿上一件衣服，因为周遭一个人也没有。我置身森林深处。夏天快过完时，我浑身肌肤黝黑，心情非常沉着平静。八月下旬的某一天，我蹲下身子，边采浆果边吃。突然间，我感觉到有什么正在舔舐我的肩膀。于是，我慢慢转过头，有一只鹿正在舔我背上的汗珠！我一动也不动。然后鹿儿走到我身旁，我们一起静静地吃着灌木上的浆果。我好讶异，竟有动物如此信赖我！

约瑟夫：这个故事和我并没有直接关联，而是我室友的一位朋友的故事。我暂且称他为比尔。比尔是个法国人，有点古怪，精神绝对不是很平衡。他在纽约的工作和海豚有关，他真的很爱海豚。我们都叫他科学家。那时刚出现LSD不久，我们都称之为迷幻药。我们当中有些人在尝试那种药物。我们很小心，都选科学家不在的时候才嗑药，因为我们害怕一旦他嗑了药，情况会真的失控。

结果，有一回他嗑了一点，我不知道他是打哪儿弄来的，总而言之，他的确嗑了些药。我们大伙儿都想："惨了！"不过我们还是设法别太紧张。那时天色已晚，他披上外套，离开公寓步行到他工作的地方，走进去，而后伫立凝望池里的海豚。他发誓说，雌海豚开始变得越来越像玛丽莲·梦露；胸脯变大，唇上抹了口红，并且频送秋波，示意叫他也下到池子里去。他说他把衣服脱个精光，潜进池中，和她翻云覆雨一番。他发誓真的有这回事。我们听了之后面面相觑，我的朋友，也就是他的室友，不久之后便搬家了。

我想这件事说不定是真的，因为过了几年，我在加州的威尼斯海滩和一票朋友同住。当时我们天天嗑药，那是六十年代中期，我们用各种迷幻的荧光色装饰整间屋子；浴室漆成酪梨绿，里头还摆了鱼缸，养了两条金鱼。有一天我嗑了药以后，步向海滩；然后回到屋里，走进浴室，呆呆看着金鱼。其中一条突然变成碧姬·芭铎。说时迟那时快，我一手伸进鱼缸，捏住鱼尾，想也没想，一口便把鱼吞下肚！我吓了一大跳。

布雷特：我到伊利诺伊州的坎卡基看我的祖母克萝依，她当时八十二岁，我们已有四年没见面。我很喜欢她，去看她着实让我很兴奋。我想给她个意外的惊喜。我从当时定居的明尼苏达州一路搭便车去。当抵达她位于当肯甜圈圈店对面的房子时，她正在后院弯着身子看红色的金鱼草。我大喊："克萝依！"她转过身来，说："哦，布雷特，过来一下，给你看一样东西。"我走过去，她按压着一叶金鱼草，好让我瞧瞧那模样看起来有多像兔宝宝。接着她牵起我的手，领着我走向她所种的两棵桃树。"我要用这树上长的桃子做果酱。""克萝依，你有四年没见过我耶。"她伸出手，从树上摘下一颗桃子，举得高高的，好让我看个仔细。"我晓得，亲爱的，我很想念你。"然后我们走进屋子里，她让我吃了她拿手的小面饺，并对我说起邻居、我的父亲，还有她有多盼望他能够上教堂去。那副闲话家常的模样，好像我压根儿都没离开过。

这四则故事让我记忆犹新。我们的故事是很重要的，不妨召集几个朋友围个圆圈说故事。必须要准备的，就只有一根蜡烛，无需以麻醉品或酒精助兴。一旦讲起故事，你便会听得如醉如痴，让你别无所求。稍后当你独处时，写下你自己的故事。首先需以你手写你口，文字口语化，不求华丽，这将有助于你有个顺利的开始。

Writing Marathons

写作马拉松

我们不习惯如此坦白开放

但这没什么大不了

接受它吧

处于开放的状态

是很美好的

　　为期八周的写作研习会，每周聚会一次，一次两小时。通常在最后一次聚会时，我们会举行四小时的写作马拉松。不过，要举行马拉松，不见得非得参加写作研习不可。我就曾只和另外一个人写了一整天。过程是这样的：每位成员皆同意从头到尾全程参与，接着我们拟出时间表，比方说，一个十分钟的写作时段，接着另一个十分钟的时段，然后是一个十五分钟的时段，以及两个二十分钟的时段，最后一口气写半小时，马拉松宣告终止。第一个时段展开后，大家都埋首写上十分钟，然后在房里走来走去，并且朗读方才所写的东西，可是谁都不作评论。如果成员人数太多，会占掉太多时间。所以我们会分批轮流朗读，不是每个时段结束后都读，而是每隔一个时段朗读一次。一有人朗读完毕，自然会有片刻的停顿，不过我们并不会说"写得很好"，或甚至"我知道你的意思"。没有优劣之分，没有赞美或苛责。我们朗读刚刚写出的稿子，接着由下一个人朗读。有人要是不想读，或者不愿意在一次马拉松里朗读两次，这些都是允许的，当然要有这个弹性，要是有人想要多朗读或少朗读也可以。写稿，朗读；再写，再读；通常你会停止东想西想，变得越来越不自觉。每个人都在同一条船上，而且因为没有人会在旁批评议论，你会觉得越能自由自在、随心所欲地写。

　　过了一会儿，你的声音开始会有种脱离肉体的感觉；你不能肯定究竟是你说了某段话，还是房里另一个人说了这段话。由于没有人提出评论，如果你想回应某人写的东西，你可以在下一个写作时段提笔向此人致意："贝芙，我知道你的意思。我的父母也会在晚饭吃到一半时，在厨房的灯下开始吵嘴。地板上铺着绿色的油毡。"不批评别人的文章能让我们产生一种想要发言的健康欲望。你可以在下一回的写作时段中，尽情地宣泄那股能量。写、读，写、读，这是一种让你得以不受内部检查干扰的绝佳方式，让你享有广阔的空间写出你心里的话。

我们也在房间中央摆了一个盒子，大家把想到的写作题目写在纸条上，折起来放进盒中。每一回写作时段展开时，有人会抽出一张纸条，念出上面所写的题目。你不见得一定要写这个题目，不过要是你没有灵感，便可从这里着手来写。你会很讶异，一旦你进入那种自动状态，你什么题目都能写。或者，你可以以这个题目为起点，让你的手开始挥动。"'游泳'，我泳技高超，而且很有自信。现在我真正想写的是，有朝一日我终将变成一抹白光……"或者你可能以为自己对游泳没啥好说的，可是开始写了以后，你却想起了小时候在电影院里，坐在爸爸身旁，爆玉米花的奶油从你的小手上滴落。当时你是多么崇拜埃丝特·威廉斯 [1] 啊！

---

1 Esther Williams，四五十年代好莱坞女星，多半演游泳爱情片，作品以《出水芙蓉》最为脍炙人口。

人们头一回参加马拉松时都很紧张，害怕自己没什么好写，或写不了那么久。结束时，他们都很讶异时间竟过得如此飞快——"我可以写上一整天！"有一次，我在明尼苏达大学教为期一周的写作班。第一天早上，我请十二位学生试试马拉松写作。一开始，他们老大不情愿，并对我冷嘲热讽。马拉松结束以后，一位男士插嘴说："我们先吃午餐，下午再来马拉松写作吧。"那一整个星期我们都没有做其他事。有几个回合，我们试着从晚上十点开始，写到凌晨一点，或从早上七点写到中午。

在那个星期当中，有人从题目盒里抽到"你的第一次性经验"。有位女士自此在剩下来的几天里没写过其他题材。她写她第一次的性经验，还有第二、第三次，等等。我相信这会儿她仍坐在明尼苏达州丘市的彩虹酒馆里写她的第七百零八次性经验。几位高中生正在她附近打撞球，而她不断地点百事可乐，以便继续占有酒馆里的那个雅座。她弄不清楚此刻是日还是夜，手不停地在纸上移动。无疑地，她现在随时可能悟道，而我们会纳闷："她还会不会回来呢？她还会不会回来……"

马拉松是非常开放的经验。刚做完一次马拉松写作时，可能会有种赤裸裸、失去控制的感觉。我有时会觉得有点生气，可是我没有理由生气。那好像是你自我防卫的肚子被炸开了一个大洞，突然间，你赤条条地站在那里，暴露真我的本色。完成马拉松后，你试着和另一位马拉松选手做正常的交谈，谈谈天气或是当个写作人有多么好，但是你心里却感到好没面子。放心，这个阶段一定会过去，你会恢复全身的防备，又变得顽固刁钻。

马拉松结束之后，必须独处至少半小时，这一点很重要。做些劳力、具体的事情会大有帮助。马拉松写作以后，我会突然变得很爱洗碗盘，或者在我原本打算种草的地方，疯狂地临时栽种十二排豆子。就在上周，我家举行了一次写作马拉松，最后一位学员还没走，我便抬出了真空吸尘器，吸起客厅里大伙儿不久前才坐在上头的地毯。

马拉松之后的那种赤裸裸感受，和我在接心（打坐）之后的感觉如出一辙。打完禅七后，我们会最后一次礼敬菩萨，并和其他学禅的学生彼此鞠躬致意；接下来，我们通常会到另一个房间用些茶水、点心。经过长时间的静默独处，我们终于可以彼此交谈。我老是有种感觉，即巴不得把蛋糕上的奶油涂在自己的脸上，好让别人看不见我。有一回我刚做完接心，来访的一位好友坐在我家的门廊上对我说："你知道吗，我觉得我好像坐在毕加索笔下的立体派女人画像旁边，你所有的面向正在同时闪闪发光。"

当我独自写作数小时后，也会出现这种感觉。别担心。我们不习惯如此坦白开放，但这没什么大不了，接受它吧，处于开放的状态是很美好的。

Claim Your Writing

承认你写的东西

人人都拥有真实的声音.

这声音可以以真正的尊严与细节

详尽表达出他的生活面貌

带写作班时，我不时会经历到一种奇特的现象：有人会写出不世出的杰作，却丝毫不觉自己写出好作品。不管我有多么赞不绝口，班上其他人也都给予正面的回响，可作者偏偏就是无法明白那的确是篇杰作的事实。他并不会否定那篇东西，但他就是不知所措地坐在那里。稍后，经由谣传，我听说他压根儿也不相信自己听到的话。多年来我一直观察到这种情形，并不只有一个写作班出现过这么一位饱受压抑、缺乏安全感的人物；这个人尚未醒觉，看不出自己写出佳作。

每个人内心深处都有深具自信的写作声音，我们却往往无法连接上这个声音，即使连接上了，也写出了佳作，却不加以承认。我的意思并不是说人人都是莎士比亚，而是说人人都拥有真实的声音，这声音可以以真正的尊严与细节，详尽表达出他的生活面貌。在我们所能达到的伟大境界和我们的自我认知之间，似乎有着一段落差，因此，多看看自己的作品吧。

我头一回深刻觉察到这一点，是六年前在明尼苏达禅学中心义务教导八周写作班的时候。我们都用单纯又孩子气的口吻描写我们的家庭——那是一项作业。我们有十五分钟的写作时间，班上连我一共有十二个人。时间截止时，我们四处走动，每人都朗读出自己刚写的东西。我是最后一个朗读的人。我朗读的那一段，后来用打字机誊写出来，题目定为"缓见世界转动"。文中讲到我的祖母喝水，养儿育女，而后孑然一身地离开人世，连袜子、腊肠或盐都没有。我朗读完毕后，现场静默良久。

身为教师的我所说的每句话，最终目的都是要教导人们信赖自己的声音，并从那里写起。我尝试用各种不同的角度和技巧。一旦学生有所突破，我所能做的，不过就是锦上添花罢了。学生已各有所成，我但觉心灵平静又幸福；写作班上每位学生皆已突破抗拒心态，写出情感真挚又深刻的作品，我已不需多言了。

霎时间，我环顾教室，每个人也一脸好奇地看着我，等着进行下一个习作。我惊讶极了，发现没有一个学生觉察到他们刚才写出了佳作。"你们谁也不晓得，就在刚刚，你们写出了非常生动的文章，我说得对吧？"他们只是愣愣地看着我。

不单只是入门班的学生会这样，我这会儿就想到两个例子。有位女性诗人，她很优秀，也很受人喜爱，我称她为明尼苏达甜心。她写自己的生活、她的牧师父亲、她的七个儿子、早餐的情景。她最后一次举行朗读会时，不但座无虚席，连站票都销售一空。她告诉我，朗读会结束以后，她回到家，心情非常沮丧，因为大家都那么喜欢她的诗，她说："我又用我的作品愚弄了一群人。"

另一个例子是我周日晚上写作聚会的一位作家成员。她是位小说家，也担任一本城市杂志的助理编辑，并写过两本很叫好的剧作，其中一本被明尼亚波利斯论坛报选为"剧评人选书"。在定时写作时段中，她写了好几篇杰出的文章。我笃定地以为，她一定知道这些文章有多优秀，她毕竟是个经验丰富的作家呀。一个月后，我和她碰面共进早餐，并针对她其中一篇文章提出意见。听到我说那篇文章写得好，她满脸讶异。（光是好一字，尚不足以形容该文有多好。）对于她自己竟然不晓得，我也很意外。她在专业上所写的东西，统统和她自己以及她的生活经验无关。她说："这种写作讲的完全是你自己。"因此她看不见文章的好。

片桐老师有一次对我说："我们都是佛，我看得出你是佛，但你并不相信我。等你看到自己是佛，就会醒觉了。那便是悟道。"我们很难去理解并珍视自己的生活，却能比较轻易地看到自身以外的事物。在承认自己写出佳作的过程中，我们会慢慢消除存在于我们的真实本性与看出真实本性的意识能力之间的盲目落差。我们学会接纳自己正是当下那个具有创造力的好人。偶尔，过了一段时间后我们会看出这一点："哦，我那个时候还不错。"可是那已是往事，我们落后了一步。

我的意思并不是要大家全变成吹牛大王，而是说，我们应该认清我们的内在是很美好的，应该散发我们的美好，并在我们的外在创造出美好的事物。内在的丰美，亦即我们的自我意念与我们的作品一旦联结，便可带给大多数艺术家梦寐以求的宁静与信心。事情并非"这个作品很烂，所以我们很烂"，或"这个作品很好，但我们很烂"，或"这个作品很烂，但我们很好"，而是"我们很好，因此我们有能力挣脱抗拒的心理，从而发光发热，写出佳作，并承认那的确是我们自己的作品"。这世界承认它好，哪有我们自己承认它好来得重要。这是最要紧的一步，如此我们才会感到满足。我们很好，当我们写出好作品时，那是件好事。我们应当加以认可，并挺身拥护我们的作品。

Trust Yourself

信任自己

我有首关于窗户的诗、

凡是听到的人都断然表示.

烂透了

我都认为那是首

很棒的诗

周二的课堂上，我们讨论某人的两页日记。老实说，就是我的日记，我日记里的其中两页。我选择这两页，是因为数月前我从中摘录了一首诗，不是多么了不起的诗作，而是一首宁静的诗。要找出这一类诗作可不容易，它们是你笔记本中细微的哼唱声，可以领你到另一个世界。一周前，我影印了这两页日记分发给学生，请他们从中找出那首诗。要是觉得里头什么也没有，他们也尽可大方地告诉我："娜塔莉，这里头全是垃圾嘛。"

有五六位学生自愿找诗，结果找到了至少四种版本的诗；有些诗包含了日记一开头的前半段，有些包含了中段，甚至有位学生挑中了不小心影印上去的一些叠印的作品。其中有一行是每个人都选中的："你不论走到何方，都是新墨西哥的山丘。"每一版本诗作的音韵都蛮好的，但包括我自己选的那首在内，并无哪首是不世出的杰作。

把一件作品交给一百个人，很可能会得到一百个不同的意见，不见得有天壤之别，可是还是很不一样。你和自己之间的深刻关系之所以非常重要，原因即在于此。你应该听听别人的看法，而且要听进去，（别在自己四周围起铜墙铁壁。）然后做出自己的决定。那是你的诗，你的声音，没有什么非黑即白、清晰明确的规则；那是你与你自己的关系：你到底想要说什么？你想怎么暴露自己？在作品中赤裸裸地呈现自己，不啻放松控制，这是件好事。反正我们也不在掌控之中，别人见到了你的真实本色。有时，我们还不了解自己做了什么，便已暴露了自己。这种感觉很不舒服，可是把整个人冻结起来，丝毫也不肯暴露，却让人更加痛苦。

时间最能检验作品，要是你对某件作品没有把握，就暂且搁置一段时间，六个月以后再重看，届时想法会比较清楚。你可能会发觉，有些诗你喜欢得不得了，别人却觉得不怎么样。我有首关于窗户的诗，凡是听到的人都断然表示烂透了，我却认为那是首很棒的诗。哪天我得了诺贝尔奖，要发表得奖演说时，一定要好好地献献宝，满足一下。

即使六个月后你回头重读时，发现那件原本不大有把握的作品简直差劲极了，也别担心。你的堆肥中优秀的那一部分已经分解了，将会生出美好的事物，请保持耐心。

The Samurai

日本武士

真相到头来并不会害人

真相使得这世界变得

更清楚分明

诗句更光华耀目

昨晚在周日写作班上，我开始谈论写作与我们自身带有的日本武士成分。我领悟到，我在课堂上总是很会鼓励人，表现得很积极，那是因为我们全都一同置身于创作空间里。我的鼓励是真诚的，是从那个宽容又开放的创作领域中油然而生的。你写出的每篇文章都很好，有时还不只是很好而已；它充分燃烧，使初起的意念绽放出璀璨的光辉。学生有时会说："你不够吹毛求疵，我不相信你。"他们不明白我们坐在不同的池子里；我置身于创作的池中，他们则忙着搅乱池水，把创作者和编辑角色混在一起，还想把我也拉进那场混战之中。我可不想去，那里太可怕了。

不过，昨晚我们开始和日本武士一起工作了。汤姆带来了一篇差不多完成的作品，影印分发给大家看。首先，我们找寻文章的能量在哪里。主要在第三段。威廉·卡洛斯·威廉姆斯曾对艾伦·金斯堡说："如果诗中只有一行具有能量，就把其他的统统删去，只留下那一行。"那一行便是诗。诗传播生命、负载活力，每一行皆应生动有力。保留文章中带有能量的部分，其他的一律舍弃。

我们在课堂上绕着第三段打转了一会儿。并不很久，大概三分钟，这样便已足够。第三段有能量，可是不够火热，我晓得汤姆还可以再热上一倍有余。我对汤姆说："是的，第三段有能量，可供玩赏一会儿。它大概能帮助你在堆肥里为未来栽下一粒种子。不过，几星期后你回头再看这篇东西时，会看到它并未充分燃烧。

我们花在这一段的时间已经够多了，该看看别的了。"（新加入写作班的）雪莉插嘴说："等一等，日本武士是什么玩意啊？"汤姆转身向她脱口答道："就是痛下杀手！"

因此，当你来到日本武士的天地，人就得变得强悍一点。不是要你变得残酷无情，而是要有面对真相的强悍作风。真相到头来并不会害人；真相使得这世界变得更清楚分明，诗句更光华耀目。我也曾在写作班上讨论恶劣的诗作，花二十分钟痛加批评。这太荒唐了，根本是浪费时间，好像拼命打一匹死马，想叫它再上路奔跑。你大可放心，写出烂诗的那个人还会写其他诗，不必以为要是你不努力从眼前的那首烂诗里挤出一点东西，作者就再也不会提笔了。

你大可拿出勇气，保持诚实。"其中有些地方的确蛮不错的，可是犹嫌不足。"然后继续讨论别的。乐于放手是很好的过程，艾伦·金斯堡还就读于哥伦比亚大学时，有一回去见他的教授文评家马克·范多伦（Mark Van Doren），说道："你为什么不再写文评了呢？"他的答复是："干吗花时间去谈论你不喜欢的东西？"

我们在写作时，有时会浮出心灵迷雾之上，看得分外透彻清楚。不过我们能量充沛、活力洋溢时写出的作品，不见得篇篇都是佳作。事情并非如此，这仅表示我们醒了，就好像周六晚上在派对上喝了太多酒，周日早上醒过来一样；眼睛虽然睁开了，可是人还迷迷糊糊的。

晓得我们写的东西哪里生动、哪里清醒固然是好，然而最后能变成一首诗或一篇散文的，却是我们在写作时充分燃烧、放出光芒的地方。任谁都能听得出差异在哪里：出自源头、出自初始意念的东西能够唤醒并激发每个人的活力。我曾在写作班上看到多次这样的情况，一旦有人朗读热力充沛的作品，人人都激动了起来。

请乐于诚实面对自己的作品，要是某篇作品写得不错，那最好；要是写得不好，也别痛打死马，继续写下去就是了，会有别的东西出现。世上的劣作已经够多了，只要能写出一行佳句，你便会享有鼎鼎大名；写一大堆温温吞吞、不冷不热的玩意儿，只会令人昏昏欲睡。

Rereading and Rewriting

重读与重写

显露自己的真实面貌

并且在不试图操纵

没有侵略性的情况下

接纳我们自己

写完一个作品之后，最好稍等一段时间再重新阅读，时间能让你得以保持距离，客观地看自己的作品。当一整本笔记已被习作填满了以后（说不定花了你一个月的时间），坐下来，把笔记当成是别人的，整个重看一遍。怀着好奇的态度："这个人有哪些话不吐不快？"舒舒服服地坐定，好像正预备要读一本好小说；逐页阅读，就算当你在写作时，觉得文字似乎挺枯燥的，这会儿你可以体察出作品的肌理和节奏。

我每一回重读自己的笔记本时，毫无例外地，一定会因而提醒自己是个有感觉、能想、能看的生命。这会让我重新大大地肯定自己，因为写作有时像是件一无是处的事，只是在浪费时间。突然之间，你会坐在椅子上，为自己的尘俗生活心醉神迷。艺术伟大的价值便在这里——化平凡为不凡。我们唤醒了自己，觉察到我们正在体验的生活。

重读整本笔记还有另一个好处：你可以看出自己心智活动的痕迹。注意看你原可更深入探讨，却基于懒惰或逃避心理而止步不前；看看你在哪些地方真的枯燥乏味；哪些时候光是一味地发牢骚，反而让你更深陷泥淖。"我痛恨我的生活，我觉得自己好丑，真希望我能有钱一点……"等你读够自己的牢骚，便能学会在写作时迅速转移话题，而不会在牢骚的迷宫中徘徊太久。

在做写作练习时，你经常弄不清楚自己写的东西是优是劣。

我有时候会在笔记本中，发现几首我根本不晓得自己写过的诗。我们的意识心灵并不是时时刻刻都在控制当中。很可能某一天我主观上觉得写得很烦，却说不定出了一首好诗而不自知，直到一个月后重读作品时才发觉。

记得有一次我在书房写作时，觉得好安宁、好幸福。我不断问自己："你怎么这么开心呀？你一整天都没写出什么好作品。"时隔四天，我在教写作班时，有位学生向我挑衅，要我证明我在笔记本里也"写了一大堆垃圾"。我暗忖："那简单，就用那天在书房写的东西来做证明。"我翻开那一天写的东西，并开始朗读。大出我意料，那是篇感人的文章，慨叹时光的流逝，并一一细数从我生命中消失的人，有的迁徙他乡，有的已经过世。我读着读着，我的声音真正地打开了，我好不惊讶。

那天在书房里，我的意识心灵感到挫折，根本不晓得自己写的东西是好是坏。可是在那些有如嗡嗡乱飞的蚊子般，散漫又吹毛求疵的思绪底下，我的手却忙不迭地记录初始的意念，写下一篇很有临场感的文章。这种事是可能发生的，我们的某一部分可以一边走过嗡嗡叫的蚊群，一边碰触到我们内在当中，一个非常清澈的地方；我们可以忽视内在那个爱批评的人消极又喋喋不休的闲谈声，不停地在纸上移动我们的手；我们的意识心灵忙着应付蚊群，因此无法时刻保持觉察，发觉我们其实正在写一篇佳作。不过那天在书房里，有某样东西觉察到了这一点，因为我从头到尾都在哼着小曲。这就像是个为人母者，老是批评自己不是个好妈妈，可你看到她的孩子却个个快乐又漂亮。她是个好母亲。只是在这件事情上，这位母亲（你那散漫的思绪）和优秀的孩子（你写的文章）都存在你体内，同时在工作。穿透所有的散漫思绪，持续不断地写就是一种练习。一个月后，当你重读笔记时，你有意识地发觉了那篇佳作。就在这一刻，你无意识和有意识的自己相遇，认出对方，并结合为一体。这就是艺术。

重读作品时，把笔记本中写得好的地方，整段整段地圈出来。在一页当中，这样的段落通常格外出色，十分抢眼，可当成未来写作的起点，也说不定已经是一首完整的诗了。试着用打字机把它们誊写出来，白纸黑字可以让人分辨清楚这东西写得好不好。只删除你没有用心在写、含糊不清的部分，其他保留。一个字也别改，因为在这项练习中，你正在拓深相信自己声音的能力。写作时只要用心，真的写在当下，那么写出的东西便是完整的。我们大可不必在这会儿驱使我们的自我去操纵那些文字，好让它们看来优美一点，或者呈现出我们想要它们呈现的样子：完美、快活、完全没有问题。这是赤裸裸的写作，是一个机会，让我们得以审视自己，显露自己的真实面貌，并且在不试图操纵、没有侵略性的情况下，接纳我们自己。"我不快乐"——别企图掩盖这个声明，如果那就是你的感想，不要作任何判断，接受它就是了。

当然，也应该有编辑和校订的空间。不过，当我们一听到编辑二字，便会想："好，我已经放纵我内在的创作者了，这会儿我要回到恰如其分、循规蹈矩、理性的心态，终于要让一切恢复秩序。"我们从而引出了一位身穿斜纹毛呢套装的男士或女士，此人出生在美国东岸，拥有文学博士头衔，对一切都看不顺眼。别这么做。这位穿着斜纹毛呢套装的人士只不过是自我的另一个分身，他正无所不用其极，设法取得控制权。你写出的作品容不下这个自我为所欲为，吹毛求疵，意图操纵一切。反之，你在重读自己的作品时，应该摇身一变为日本武士，一位凡遇非属当下的事物，即勇于出手铲除的伟大战士；就像一位心灵空白清净，把对手一砍为二的日本武士，不感情用事，用澄澈且洞悉的心灵来阅读。不过，挑三拣四、横加干扰，原是人之常情，因此让你的自我有事情可做；让它替你打字、在信封上写地址、贴邮票，反正别让它管你写作就对了。

把校稿当成"重新发想"，如果作品中有含糊不清或暧昧不明的地方，只要再次想想你原有的印象，并加进细节，就会让作品更贴近你心底的想法。不妨坐下来，进行定时写作，并且在原始的版本以外，就某一题材再写第二、第三、第四遍。比方说你正在写犹太风味熏牛肉，第一遍定时写作出来的效果还不错，可是你晓得对于这个题材，你还有更多话要说。在接下来的一天、两天、一周期间，就以熏牛肉为题再多做几次定时写作。别担心自己有所重复，把几次的作品统统重读一遍，自各篇中摘取精华段落，将之组合在一起。这就像在做剪贴工作，把几回定时写作的精彩部分剪下，贴成一篇文章。

因此，即使在校正旧稿的过程中，你也可以利用定时写作的方法和规则。这有助于你重新投入以前所写的作品里。试着和初始的意念再次产生联结，这远胜于站在蚊群中，设法在蚊子吸血以前，拍打你那堆散漫杂乱的思绪。这种校稿方法有效率多了，而且即使在重写旧稿时，也能避开自我的干扰。不论是写短篇小说、随笔散文或长篇小说的章节，都可采用此一方法来校订重写。有位刚写完一本小说的朋友说，当她必须重写某一章时，她会自言自语："好，这一章需要这些要素，而且应该在杂货店开场，在坟墓收场。先写一个小时再说吧。"她在一定时间内重写的章节中，凡有精彩的部分都会被加进原始的版本中，好让那一章的内容更丰富精致。

往往你一页又一页翻阅自己的笔记本时，说不定只找得到一两行或两三行佳句。别泄气，别忘了足球队花很多的时间练球，仅只为了参加寥寥数次的比赛。在那几行底下画线，把它们列进你的写作题目表里，当你坐下做写作练习时，可以抓住其中一行，从这里着手写起。画线作记号也能提醒你注意到它们，而你常常会毫无意识地就将它们派上用场。所有这些截然不同的部分突然凑在一起，结果将令你又惊又喜。

I Don't Want to Die

我不想死

艺术家流露出生命力

有灵性的人则散发祥和之气

铃木老师创立旧金山禅学中心，著有《禅心，初始之心》，我曾听闻他是位禅学大师。他于一九七一年溘然长逝。我们往往以为，禅师在临终前，会讲些很引人深思的话，比方"哎呀，银色"、"记得醒来"，或是"生命是持续不断的"，毕竟他们即将达到"大空"之境。铃木老师临终前，老友片桐老师去看他。片桐站在床边，铃木抬起头来说："我不想死。"就这么简单，他一秉本色，率直说出当时的感觉。片桐向他鞠躬："感谢你这么努力。"

片桐老师曾说，当一个有灵性的人站在伟大的艺术品前面，会感到心境祥和；艺术家看到杰作时，则会受到鼓舞，也想创造出另一件杰作。艺术家流露出生命力，有灵性的人则散发祥和之气。然而，片桐老师表示，在这个有灵性之人的祥和之气背后，则洋溢着无穷的活力和自发精神，也就是当下的行动。艺术家虽传达了生命力，可是在这生命力背后，也务须触及宁静祥和之气，否则，艺术家将会引火自焚。可惜的是，我们看到太多艺术家沉迷酒精、自杀和精神疾病的引火自焚案例。

所以，当我们忙于写作时，我们急于表达的所有那些燃烧发光的生命，都应当来自一个祥和的所在。这将对我们有所帮助，使我们不至于在一个故事中激动地蹦来蹦去，却始终无法回到书桌前完成这个故事。在我们临终前的那一刻，应该简简单单地道出我们的感想——"我不想死。"用不着愤怒、自责或自怜，而要接受真实的自己。一旦我们能在写作中达到那个境界，便可碰触到促使我们笔耕不辍的某样事物。尽管我们宁可置身在西藏的高山中，而不想待在新泽西州纽华克的书桌前；尽管死神正在我们身后嚎叫，而生命在我们眼前翻转不休，我们都能提笔便写，去写我们不能不讲的话。

Epilogue
结语

任何事情

只要投入全副心力

便是一趟疯狂的旅程

周日晚上十一点，我打完了最后一个字，我对自己讲："小娜呀，你知道吗？我想这本书已经完成了。"我站起身，觉得很愤怒，觉得自己被利用了。（"被缪斯女神利用了。"我的朋友米丽安后来这样说道。）突然之间，我弄不清楚这本书和什么有关；它和我的生活一点关系也没有，它又不能在第二天早上替我找个爱人或帮我刷牙。我洗了澡，爬出浴缸，穿上衣服，在深夜里独自出门，走到圣达菲闹市街头的孤狼咖啡馆。我点了杯白葡萄酒和两球太妃糖冰淇淋。我环视众人，没开口，脸上始终带着微笑。"我完成了一本书，说不定不久之后，我又是个人类了。"我怀着轻松又快活的心情回家。第二天早上我哭了，到了下午，心情又变得好极了。

周二，我在写作班上说："我花了一年半写这本书，其中至少有一半章节是第一次就整个完成。最大的挣扎并不是在真正提笔写的时候，而是得努力克服既怕成功又怕失败的恐惧心理。最后终于燃烧殆尽，只留下纯粹的行动。"在最后一个半月中，我一周写作七天，一章写完立刻进行下一章，就是这么简单。至于我身体里面呐喊着要吃冰淇淋、要找朋友、要做白日梦的那些部分，我一律置之不理。

任何事情，只要投入全副心力，便是一趟孤独的旅程。不管你的朋友有多么为你高兴，有多么支持你，你都不能巴望有人会和你有同样激动的情绪，或充分了解你所经历的种种情况。这并不是酸葡萄心理，当你写作一本书时，你真的是孤零零一个人。

接受这种状况，接纳别人给你的爱和支持，可是对那该是哪种爱和支持，别心存指望。

明白这一点是很重要的。我们都以为成功能带来快乐，可是成功也可能带来寂寞、孤立和失望。成功可能带来任何东西，这句话有其道理。给自己空间，想怎么感觉便怎么感觉，可是不要觉得自己不应该拥有各式各样的情绪。片桐老师有一回对我说："要是他们想替你出书，固然很好，可是别太在意，这会让你冲昏了头。只管继续写就是了。"两天前，我对我父亲讲："我想要从帝国大厦上面跳下去。"他说："你非得选那么高的大楼不可吗？"我告诉自己："娜塔莉，这本书写完了，你将着手写另外一本。"

Afterword

An Interview
with the Author

后记

——本书作者访谈实录

无论你身在何方

都可以是写作的开始

（Q为访谈提问；A为作者回答）

Q：您认为写作地点对作家灵感有影响吗？

A：首先，我觉得地点和环境非常重要。比如在小说中，"地点"往往充当着"第三方"的作用。在好小说中，故事发生的地点和环境，更是对文本起到举足轻重的作用。但这并不是说，作者就必须在一个特别优美的地方才能写作，如果周围环境不好就一个字都写不出来。一个作者应该有立足当下环境的能力。比如说，你现在到了辛辛那提[1]，那你是否真的"到"了辛辛那提——你感受到了这里的每一条街道，感受到了这里的温度，感受到了树的气息，感受到了工作日结束之时，街上灯光一点一点亮起来。这些都是对于一个作家来讲非常重要的事情。比如对我自己而言，我就特别喜欢陶斯[2]，觉得陶斯就像我的情人。但遗憾的是，我不能一直待在这里。特别是在我生活刚起步时，我在陶斯没有合适的工作，没法养活自己，也就没法在这里长期定居。但也正因为如此，陶斯现在也是我的灵感源泉。到了后来，生活的各方面条件好了一些，我可以长期在陶斯生活了，但日子久了，我突然想起了片桐老师的一句话："天堂里照样有臭屁味儿。"当你对一个地方太熟悉了，它就变成了一个普通地方。所谓"熟悉无风景"就是如此。你可

---

1 美国俄亥俄州西南部城市。

2 美国新墨西哥州北部城市。

能特别喜欢某个地方，但每个地方都有优缺点。但这也同时给了你自由——世界很大，去其他的地方看一看，还有其他的美丽等着你去发现。这个道理也是我痛苦了很久才想明白的——在之前很长时间，我只想留在陶斯，却迟迟不能如愿。

所以，不要总想着"我现在只能在这儿……我要是能去那儿就好了"。这对自己来说是个很大的折磨。无论你身在何方，都可以是写作的开始。不要总拿"地方不好，没灵感"给自己找借口。这世上没有绝对完美的地方，拿起笔写就是了，好作家无论在哪里都能创作出好作品。有土地就有生命，有生命就会有故事，有故事就会有好作品。

Q：您听到最多的"我不能写作"的借口是什么？

A："不能写作"的借口（理由），我已经听身边人说过上千种了。比如："我怕写作会暴露我心里的想法，还是别写了。""我怕写作会让我面对真实的自己，还暂时没这个勇气。""我想写的都是心里最深最隐私的梦，不知如何下笔。""哎呀有孩子了，都是当爹当妈的人了，没精力写啊！""哎呀我得上班挣钱啊！天天要上班，哪有时间写啊！""就我这点功底，差太远了，还是别献丑了。""我想写我爸的故事，可我要写出来，非被他打死不可……"

对于这些理由，我从不以为意。说句不好听的，这些理由都是借口罢了。你想做成一件事，又害怕去面对它。在这么多年的生活中，我发现很多人只是缺乏真心投入罢了。他们有过激情，却让激情自生自灭了。我从不听信这些理由，听一会儿我就烦了。就跟我自怨自艾一样，都让人受不了——都是"心猿"[1]罢了。借口是什么，其实并不重要。当然，你可能也会说："可这些借口都是真理由啊！如果他们真的要养6个孩子，要工作，要想着一大家子的柴米油盐，怎么办？"我不否认这些都是事实。但如果你真心投入，你就总能找到时间去写作，哪怕每周只能抽出半小时的时间去写，都是好的。一个真心想去写作的人，不会把写作的梦想拖到60岁——因为你可能活到59岁就去见上帝了。你必须找到一种方式，去掌控你的全部人生。所谓"明日复明日，明日何其多"。

当然，你可能也会说："娜塔莉，你说你也没个孩子……你说你也没这个，你也没那个……"但这又能如何？我曾经在和一群女人聊天的时候，就有一个女人跟我说："你说我有好几个孩子，也有老公陪在身边，为什么还是感觉那么孤独……"然后我说："啊，那真是怪了，我没孩子也没老公，不过我一点都不孤独……"我想这不是孩子和老公的问题，而是我们自身的问题。我们把生命中的很多名字都当成了借口——当成了我们不想去做事、畏惧开始的借口。总而言之，如果你想去写作，你就要闭紧嘴巴不再谈

1　monkey mind。佛教语，译为"心猿"。喻攀缘外境、浮躁不安之心有如猿猴。语本《维摩经·香积佛品》："以难化之人，心如猿猴，故以若干种法，制御其心，乃可调伏。"

论这些借口，拿起笔开始写。我这些话可能说得很直白，有些伤人。但这就是我们的真实生活。我们需要大步向前。哪怕我们只能写10 分钟，都是好的。只要拿起笔开始写，就胜过所有的借口。

几年前，我教过一拨学生，给他们上写作课也有了很长一段时间。有一次我问他们："你们现在还在等什么？"结果几个男生抱怨"……老婆刁钻，生活麻烦，想码字儿那叫一个难上加难"……我就看着他们说："那……你知道怎么去解决麻烦？——拿起笔去写就是最好的答案。"他们的脸好像一下子亮了，连连称赞。

然后我突然想到了什么，对他们说："等一下。你们从芝加哥到波士顿，再从波士顿到肯塔基 '……也好歹跟我上了 3 个学期的课了。应该都听我讲过这些了啊。"结果他们说："是啊……但我们还需要再听一遍……"我就慌了，问："你一路来就是为了听这个？"他们说是啊。有些事情很简单很明显，但我们就是不断地与之擦肩而过。我写这一段的时候，还清晰地记得这个学生的模样。他觉得现在自己麻烦很多——而且他真心觉得这些都是"麻烦"，所以他不能写作。于是，我让他回到那个最简单的开始：闭上嘴，开始写就对了。他一下子觉得轻松了。有时候，只是我们心猿意马，让我们无法写下去。不要相信那些理由（借口）。

---

1 肯塔基州，美国中东部的一个州。

Q：**您说的"心猿"指的是什么？**

A："心猿"其实是来自中国的词语。我们经常说心猿意马。心猿会让我们忙碌不安，很难去静心做事。我觉得整个美国文化都建立在忙碌之上，这也是导致我们不快乐的原因。但是我们喜欢忙碌，我们也必须去理解这一点。生活中有忙碌不安，有心猿，也有真心。我们的真心需要有多少呢？我想至少保留一半的真心吧，否则我们的生活就会被心猿控制，处于躁动状态——我必须去做这个，然后去做那个，再然后要去做那个……花花世界，慌慌张张，匆匆忙忙，然后我们的日子就是这样了。

Q：**您怎么看待天赋？**

A：我觉得天赋就像地下水——你要用自己的努力先挖一口井，它才会喷发出来，所谓"才思泉涌"。我确实见过很多有写作天赋的学生，他们一拿起笔就知道该怎么去表达，就能妙笔生花。你无法回避确实有"天赋"的存在——他们的文章一写出来，教室里其他同学就都搁笔不敢写了，因为好像你怎么努力也写不过他们。但恰恰是，对于有写作天赋的人来说，写作这件事好像太容易了，信手拈来一样，所以他们反而并不觉得自己写得多好。写作对他们而言并不是什么"大事"。但我看到那些坐在教室中不起眼的角落中的同学，他们有一点像书呆子，写的东西也有一点平庸乏味——但三年后，他们竟然还在写，而且还在不断进步！

这时候，你会看到属于他们的"小荷才露尖尖角"。

我从不觉得自己是个有天赋的人。从小到大，也从没有人说过我有写作天赋。我去算命的那里看过手相，也去找占星师看过星盘，他们都说我适合做个会计。所以，我是生生地靠自己的努力和决心，生生地在手心中划出了一条新事业线。我相信后天努力——努力，并非只得是用蛮劲儿，也指唤醒自己的才能。我们都拥有这方面的才能。一个人的天赋如果没有被"唤醒"，那也是处于平庸的沉睡状态。你可以变成一个有意识、有心思的作家，先从知道身边每棵树、每种植物的名字做起，从观察阳光洒在汽车车身上的颜色做起。这些都可以从练习做起。如果你有写作天赋，那自然是人生幸事，但仅仅靠天赋是走不长久的。后天努力会让你走得更远。

Q：**参禅对您的写作产生了什么影响?**

A：我的写作一直是跟禅修、正念、静坐相关联的。"为艺术而艺术"[1]的思潮我并不太感兴趣，因为我看到在这个思潮下的艺术家大多忧郁而孤独，艺术创作本身就成了一种折磨。对于我而言，写作和禅宗讲的"空性"[2]是结合在一起的。你可以创作出属于自己的表达方式，你可以永远葆有创作的余地。如果一切都是按部

1　ART FOR ART'S SAKE。指"为艺术而艺术"或者艺术至上主义，是十九世纪后半期唯美主义文艺思潮的核心之一，认为真正的艺术是和教育、道德或者任何拿来利用的功能无关的，艺术本身就成就了自己。法文原文口号是l'art pour l'art，王尔德等人将这个口号翻译成英文，即art for art's sake。

2　emptiness，在这里指佛教禅宗的"空性"。

就班的模式化，那艺术也就失去了魅力。所以我认为艺术如果缺少了"空性"训练，对我来说就显得没太多意义。禅宗思想就是我的精神后盾。

Q：您的写作，对别人产生了怎样的影响？

A：我并不是一个拿写作来表现自我的人。对我而言，我当然认为作品会对他人产生影响。但这并不是说，我写作是为了取悦读者。我希望自己如实写作，既不是为了讨好别人，也不是为了孤芳自赏地取悦自己。当我写诗的时候，我写过很多的故事。这其中确实有许多自我表达，甚至把一些不雅之词用在了诗中，比如"向每个人伸出我的舌头"。现在，我对写作的沟通性更感兴趣。我如何通过语言、通过白纸黑字，能够向读者传达我的观点？所以，我并不是很在乎自我表达。虽然这也是一种好的开始，因为自我表达可以让我们学会更好地坚持自己。现在我写作的时候，会小心地绕开这些阻碍。写作就是写作，并不是为了表现自我。这一刻是"无我"状态——我不再是娜塔莉·戈德堡。我想，如果我仅仅停留在"表现自我"的层次上，我可能会坐下来，像是写日记一样地写道："我今天很高兴，我谈恋爱了，我很爱我的男朋友，他太萌了。"那么别人看了估计也会觉得无聊透顶。如果想达到超越自我境界的交流，我们就必须超越浅层次表达，来更加深入地触碰事物更本质的一面。

Q：打坐冥想和写作训练有什么区别？

A：当我在打坐冥想的时候，我的注意力放在"清除杂念，调整呼吸，关注当下"这些方面。当然了，这个说起来容易做起来难。当你坐一会儿之后，你就发现很多心念就像是黏在你脑袋里，没法做到放空。在写作训练中，你会把这些心念都抓住，然后把它们写出来。这个写作的过程，也是你不断追随自己心念的过程。当你的心念变成了一股涓涓细流，你正坐在溪流之中，那么心念也就不再像打坐时那样黏在脑袋中了。从某种意义上说，写作是一种更有效和方便的调心方式——我追逐我的心念，然后放它们一条生路。而无论我换到哪里去冥想打坐，都需要花很长的时间去给心念找一个出口，需要很长的时间去将它们消化。所以说，打坐冥想和写作训练是两种不同的方式。对我而言，写作是更深层次的禅修。

在打坐和写作中，我最大的收获是发现心念并非真实和固定的。我们花了太多的精力去清除杂念，希望获得更大的心的自由。但说起来容易做起来难，因为心念和我们的情绪是相连的，当你将过去的记忆与心念、情绪合成一个故事，短短三分钟的时间就可以让我们抓狂。但如果你抓住它们的本质，事情就会变得有帮助了。比如说，我和我的男朋友吵架了，我觉得我一定是对的。但当我去审视这段心念的时候，我就会听到耳边响起一个声音："娜娜[1]，这只是你的观点罢了，并不代表真正的事实，放它们走吧。"于是，我的心灵空间就慢慢变大。

无论你在生活中遇到什么，都请关照自己的心念。我并不是一定要去禅堂打坐才能想出要写什么，然后再拿出笔记本赶紧记下刚才的想法。无论在哪里写作，都是一种不同的经历。比如对我而言，弹奏音乐就能让我更接近禅堂打坐时的"空性"，但我吹黑管或画画时就没有这个效果。无论你在做什么，这些都是你遇见自己、遇见世界的一种不同媒介。在禅堂打坐，关注自我的呼吸、关注当下的身体就是"媒介"；换到在写作中，文字就是你的媒介。当你笔下的文字都活了起来，它们就像是带了电一样，并不仅仅是我们平庸人生的一个浅薄记录。这就像当我在刷牙，我都会害怕自己是不是想太多了，但回过神来，自己确实还在刷牙罢了。

Q：简单谈一谈如何写小说。

A：小说和心念的记录是有所不同的。比如在我写《写出我心》这本书时，它就是我自身想法的一个自然记录。但当我写小说《香蕉玫瑰》的时候，比如我在第三章提到了"一顶褐色帽子"，这顶帽子在第33章时是有特殊意义的。而在我们的生活中，"一顶褐色帽子"并不一定要有什么特殊含义。现实生活中的帽子只是帽子而已；撞车了只是撞车了而已。我们在现实中会有很多个年头，

1　Nat，对作者名字"娜塔莉"的昵称（小名），结合作者自述的口吻，译为"娜娜"。

来了又走了，没有什么特殊含义。但一个小说家在写故事的时候，就必须创造"特殊含义"——因为读者读小说时，会期待你所说的一切是有"特殊含义"的。所以一个小说需要有结构，有开头，有经过，有结尾，虽然每一步的过渡可能并不那么明显。这和我们刚刚谈到的自然记录心念的写作是不同的两种路数。我并不觉得自己是个天生的小说家，因为相比心念的记录，小说对我来说很难——我并不是一个非常善于"赋予意义"的人。一个小说家可能也会说："我笔下的故事也没什么特殊意义啊。"但那还是不一样的。当你读完一本小说，你可能会感叹"啊，原来如此……"但如果你不会有类似的顿悟，可能你会觉得"不对"，要不是自己没看懂作者的意思，要不就是作者写得太烂了。

当我开始写小说的时候，我就下定了决心，要尽一切努力去完成小说。我觉得自己从没对什么事情下过那么大工夫。我整天泡在陶斯的哈伍德图书馆，改来改去，不断地打磨作品，我就那么看着图书馆高高的大窗户，夏天来了又走了，秋天来了又走了。我觉得自己就像是大四写毕业论文似的，当别人在享受完美暑假的时候，我却要很辛苦地完成一件作品。有时候我自己都觉得害怕，自己竟然有那么大的决心。虽然这不是一部最伟大的小说，但至少凝结了我最大的努力。我不知道"努力"对别人意味着什么，也许是收获自信？对我而言，努力就是我的脊梁。我做了当时的娜塔莉能做到的最大努力，而我也为此非常自豪。

所以我想，也许这才是我的天赋——惊人的决心和毅力。但我这一点点天赋也仅仅限于写作领域。比如我也玩过滑雪，但发现我并不那么喜欢，于是好吧，我就接受这个结果，浅尝辄止、打道回府了。好像我生命中的决心和毅力，都给了写作。

Q：您为什么会写回忆录？

A：我喜欢这种感觉。回忆录，顾名思义，就是对你回忆的梳理，和写作调心的道理很接近。我们的回忆并非是按照年代顺序的 123 排列的，比如我哪一年出生，哪一年上小学，哪一年做了什么等等。我们的记忆其实是碎片——你会记得某一把特定餐叉的颜色，记得某一年轰隆隆的爆炸声，记得你 20 年前在康尼岛[1]吃的那个热狗的味道。这些都是记忆的碎片。当我去写回忆录的时候，这种记忆碎片的结构，就比小说的结构要好很多。我喜欢故事，比如家族故事，比如大家从哪里来，又遇到如何的事情等等。有一次在纽约，我遇到了一个极其出色的禅宗女师父。她身量高大，心宽体胖，还剃了一个光头。结果在我们深入交谈的过程中，才知道她的母亲曾经是一位极美的王后，然后她有过 7 任继父。我当时就呆住了，如果不是深入的交谈，谁知道现在我面前的这位

---

1 位于纽约的小岛。

严苛的禅宗女师父，竟然背后有这样的故事！然后我忍不住问了她很多问题。对我们自身而言，当我们写作时，去挖掘自己过去的经历也很重要，因为过去本无处可躲，也没什么可躲的。如果你无法面对真实的自己，你笔下的一切也都是假情假意。你需要接纳自己的人生，接纳自己的心念。

Q：您为什么当初会开始写作训练？

A：写作让我找到了自己与心念的关联。在我的嬉皮士时代，我就开始在陶斯的禅堂里打坐了。在 1976 年的时候，我已经去科罗拉多州，特意拜诗人艾伦·金斯堡为师，在博尔德[1]的那洛巴佛学院[2]进行了为期 6 周的学习。诗人艾伦教我如何审视自己的想法和写作。我觉得他的笔下就像幻想般绚丽，但我就像一只乏味搬运的工蜂一样。艾伦跟我说："当你的想法有条理了，你的写作才能够有条理。"在去那洛巴佛学院之前，其实我心里有一点打鼓。但当我在休息室看到了一篇关于艾伦的文章，谈到了"打磨心念"。虽然我当时没看太懂，但这反而激起了我的斗志——总有一天我能把它看懂！在这之前，无论是大学本科还是硕士的文学课中，我都没听过写作还跟心念有什么关系。

我就开始动笔写，不断地写下去，把我能写的东西全部写下

1　美国科罗拉多州中北部城市。

2　Naropa Institute，北美第一所受佛教启发而兴建的学院。

来——我每一个想法的前前后后左左右右。我没有什么目的，也不知道自己要写什么，只是在体会着自己的想法与笔触的这种特殊而亲密的关系。我就这么一个人在写，到后来我都不确定自己在写什么，只觉得越来越深入，也越来越复杂。我发现，自己的念头无非是重复和唠叨，想法不过是杂乱无章，细节也不过是些东拉西扯。那时我并不知道这些是心猿，只觉得自己遇到了这些问题。我发现有些东西对我的写作有帮助，有些则无关紧要。随着时日推移，我的笔下渐渐有了结构，而我也不再因此抓狂。无论发生什么，我都拿笔去把它写下。这就像我在打坐冥想的时候，无论当时脑袋里在想什么，都以相同的姿态去应对它，直到禅堂敲钟的声音把我惊醒。

当我见到片桐老师的时候，他对我说"去做写作训练吧"。我觉得很不可思议。非常自负地问他："大师，我不懂您在说什么？"对片桐老师的建议并不以为意（因为我当时觉得写作和我的禅修是冲突的）。我觉得片桐老师只是想了个什么法子打发我。后来片桐老师跟我说："娜塔莉，你出去吧。你现在不该待在这里（禅堂）。"但我当时很倔。"不，我偏要在禅堂打坐。"但这么多年过去了，当我开始重新审视自己的写作，真正开始了写作训练，发现自己如骑上展翅大鹏，扶摇直上。这时，我才明白了片桐老师当年的话。特别是在我开始写《写出我心》的过程中，我一下子有了"啊"的顿悟。

在《写出我心》出版两年后，我又遇到了片桐老师，问他："大师，您当年为什么要我去做写作训练？"他若无其事地看着我，说："因为你想去写作。"我又问："就这么简单？"片桐老师点头。"因为你喜欢写作。"所以回过头看，片桐老师冷眼旁观到了我内心真正的热情所在。这就像如果你想成为一个跑步运动员，但觉得应该保持冥想。其实只要去做跑步训练就好了，只是更深层次的静心。但片桐老师也跟我说："去写作也不错，去打坐也不错。"所以当我的心在写作时，我也保持着在打坐中的那份坦然诚恳。你需要给自己找到一个有力的心理支撑，否则一切都是昙花一现。

Q：您怎么看待有些人害怕在写作过程中"失控"？

A：人活着，就面临着很多"失控"。比如坠入爱河，这就是一种失控；当我们的至亲至爱离世，我们又会面临一种巨大的失控。但写作的好处是，你可以暂时性陷入一种巨大的"空性"和"无我"状态中，然后当你放下笔，去外边散散步，你会从"无我"中跳脱出来，回到一个安全的自我模式，然后再继续进入"无我"的写作状态，循环往复。我想着这是东方文化带给西方社会的福音。当你得以进入一种冥想的状态，你会了悟空性，心如止水。如果你害怕在写作过程中"失控"，可以试着和别人一起写作。不必害怕，因为大家都在你身边，彼此帮助，同舟共济。只要写下去就够了，不要多虑。

Q：如果我想写书的话，如何确定"我想写什么"的主题呢？

A：写书不像是学校的命题作文，简简单单地定一个主题就好了。写书的主题，更多像是"来自一口深井底部的召唤"。比如说，我的身体现在开始准备写某个主题的一本书，但其实这可能是我大脑中积攒了很多年的潜意识想法。虽然当时这些潜意识并未浮出水面，但我却悄然地在做这些准备了。可能当我真正决定下笔之前，我的大脑已经在不知不觉中打了半年的腹稿了。这样，当我动笔之时，我才能保证这个主题是来源我内心深处的真正热情和思索。因为写书不像是一个短篇文章，一本书往往需要一个比较久的时间，你不能刚写了 10 页，就发现自己的热情和思索已经全部耗尽了。最好不要在写一本书的过程中半途而废，这样很容易形成恶性循环的行为模式。我遇到过很多兴致勃勃写书的人，结果都因为种种原因浅尝辄止了。所以，最好在动笔前，先对这个主题思考得足够清晰、积聚了足够有深度的热情，才能支撑你一气呵成地完成某个作品。这要建立在一个比较成熟的写作训练之后，你确信自己真的有这样的能力，再开始动笔。否则欲速则不达。

Q：你想对当时在写《写出我心》时的自己说些什么？

A：我想我什么也不会对当时的自己讲。那时的自己不会听现在的我讲的任何事情。比如，我现在可能会说，成功和名誉的背后其实很艰难、充满了痛苦。就像我现在也对我的学生说这些，但他们同样听不进去一样，每个人都会追求自己想要的东西，这一点天经地义。就像我在36岁那年突然想燃烧自己全身的激情一样。我也不知道为什么，但那时的我就是想成名。我想，这可能是我的下意识，只有这样才能自我拯救。当然了，成名并没有拯救我。但我并不能把这些说给当时的自己听。我只是在回望过去时，对当时的自己充满了极大的爱与同情。她（当时的自己）很认真，很努力，很纯粹。在某种程度上，她很聪明，却又经历过很大的破碎；我想如果没有过那么多的破碎，也许她看事情可以更清晰。虽然并不知道后来的结果如何，但她从不害怕。她相信尽心即可，结果要来的时候，自然会来。

这本书的写作给我带来了巨大的能量，因为我第一次可以，也必须去写我所想、写我所见、写我所感。而且这是我的第一本书，也就意味着在成书之前，我得不到任何的外界鼓励——没有人会关注一个没写过书的人在写什么。当你写过一本书（而且畅销）之后，你可能会多了一点自信，虽然有褒有贬，但总有人开始听你说话——哪怕只是一小会儿而已。我从小是一个比较受打压的小孩儿，从没得到过什么鼓励。所以当我站在我的作品面前时，我一开始是非常害怕的。我不知道别人会怎么想我，会不会觉得我疯了。这个社会像是覆盖着一层透明的皮肤或薄膜，你看得到却无法融入，唯一刺破薄膜，融入社会的方式就是去努力。写书是我的努力方式，我终于刺破了这层薄膜，终于有人可以听我说话。

Q：您是如何建立自信的？

A：我现在的自己有很强大的自信。但这绝不意味着我是什么天才。我觉得大部分人都比我聪明，都比我有天赋。这并不是自谦。我相信自己意念的诚实诚恳。我能做到的是，如果我说"我每天要写作三小时"，那我就真的会去做到每天写作三小时。这可能对于别人来说是小菜一碟，不是什么大事对不对？但对我而言，比如我说过我要戒掉巧克力，可最后我也没戒掉。我对自己其他方面的毅力都没有特别的自信，唯独在写作这件事上，我有足够的自信——因为在写作这件事上有足够的意志力。写作已经成了我的一种生活方式，是这么多年 100% 投入的写作训练，帮助我建立了自信。

但是在参禅方面，我觉得是个例外，禅修需要慧根，不是你靠毅力就能达到的。在禅修方面，我并不觉得自己是个很有慧根、心性领悟很快的人。但这没关系。也许你不是一颗飞速前进的子弹，但做一根迂回前进、充满韧性和柔软的面条也不错。或许这种韧性和柔软，反而对于一个作家来讲更为重要。

Q：您是如何帮助学生建立自信的？

A：我就是他们的啦啦队员，不断给他们加油。当我步入教师的角色时，我会帮助学生发现他们的闪光点。我对那些"老师，我觉得我写不了……"的借口不以为然，但是我很重视挖掘每个学生自身的潜力和特质。相比较于作品成果而言，我更关注每个学生在写作中的健康心态。这种可持续性的健康心态，我觉得比一部短期作品更加重要。

Q：您说的"不要被牵走"是什么意思？

A：不要被你的"心猿"牵走。比如说，你想做点什么，想成为一个作家。然后你心中的小杂念就开始说话了："但是我写书养不活自己啊。""唉……那我还是别写了。"这就是被心猿牵走了。这些小杂念会持续不断地干扰我们。如果你下定决心了要做什么，静心去做，不要被心猿牵走。有时候，不被心猿牵走也体现在你真正了解自己的想法，当前路遇到困难的时候，能够不被左右，迅速调整，然后继续下去。

当《写出我心》的写作接近尾声的时候，我发现自己得失心很重，非常患得患失，最后不得不暂时搁笔，跑到圣达菲峡谷路的一家餐馆，做了整整6个月的面包师。有一天休息的时候，我沿着餐馆旁的灌溉水渠散步，结果失声痛哭。我对自己说："娜娜，你一定要写完这本书，不是为了自己，而是为了片桐老师。"这种自我鼓励给了我继续下去的动力。我当时只有一个念头："忘掉自己，为了片桐老师去完成这本书。"我也和别人一样充满了不安感，但我在做一件事情的过程中，并没有过分去关注自己。我不会成天想着"娜塔莉，你想得到这个吗？你想收获那个吗"。这会让一个人的得失心太重，最终反而会阻碍自己前进的脚步。但如果我暂时忘掉自己，进入"无我"的状态，那么我就会轻松很多，不会给自己太大的压力。

在我创作《写出我心》这本书的整个过程中，我一直都被片桐老师的"大爱"所包围——那种超越了狭隘范围的大爱无疆。对于这一点，我也很有必要和我的读者分享。"大爱"无对无错，无是无非，片桐老师帮我发现了一个大写的娜塔莉，所以，现在这个大写的娜塔莉，也想在此对大写的片桐老师表示无限的敬意。现在我知道了，这个大写的娜塔莉和大写的片桐老师，再不会分开了。这并不是一种心理上的一厢情愿，而已成为一种事实——在片桐老师圆寂之后，我有很长一段时间饱受折磨，无法接受这个事实。我失去了生命中最重要的精神导师。阴阳两隔，此生缘尽，生死轮回。很久后我才意识到，其实大忍法师的圆寂，反而让他和我再也分不开了，因为肉身已去，反而得到了精神上最大的相守和自由。大爱无疆，再不被分离。在此书完成之际，我感到应该接过大师的精神衣钵，薪火相传。继续写作，继续坚守。因为我之所获，就是片桐老师之所获；我之所得，就是片桐老师之所得。

（整篇后记，均摘自作者在"Sounds True"节目中的访谈。所有内容均已得到授权。）

著作权合同登记号　桂图登字：20-2015-226号

WRITING DOWN THE BONES: Freeing the Writer Within
by Natalie Goldberg
Copyright © 1986, 2005 by Natalie Goldberg
Published by arrangement with Shambhala Publications, Inc.
Horticultural Hall, 300 Massachusetts Avenue, Boston, MA 02115, U.S.A., www.
shambhala.com
through Bardon-Chinese Media Agency
Simplified Chinese translation copyright © 2016 by Guangxi Science & Technology
Publishing House Ltd.
ALL RIGHTS RESERVED

图书在版编目（CIP）数据

　　写出我心　普通人如何通过写作表达自己 /（美）娜塔莉·戈德堡著；韩良忆，袁小茶译. —南宁：广西科学技术出版社，2016.8（2022.10重印）
　　ISBN 978-7-5551-0642-5

　　Ⅰ . ①写… Ⅱ . ①娜… ②韩… ③袁… Ⅲ . ①写作—心理学分析 Ⅳ . ①H05-05 ②B84

　　中国版本图书馆CIP数据核字（2016）第144104号

XIE CHU WO XIN　PUTONG REN RUHE TONGGUO XIEZUO BIAODA ZIJI
写出我心　普通人如何通过写作表达自己

[美] 娜塔莉·戈德堡　著　　韩良忆　袁小茶　译

策划编辑：冯 兰	责任编辑：蒋 伟 冯 兰	
封面设计：视觉共振	版式设计：视觉共振	
版权编辑：尹维娜	责任印制：高定军	
责任校对：张思雯		

出 版 人：卢培钊　　　　　　　　　　　出版发行：广西科学技术出版社
社　　 址：广西南宁市东葛路66号　　　邮政编码：530023
电　　 话：010-58263266-804（北京）　0771-5845660（南宁）
传　　 真：0771-5878485（南宁）
网　　 址：http://www.ygxm.cn　　　　　在线阅读：http://www.ygxm.cn

经　　 销：全国各地新华书店
印　　 刷：唐山富达印务有限公司　　　　邮政编码：301505
地　　 址：唐山市芦台经济开发区农业总公司三社区
开　　 本：787mm×1092mm　　1/32
字　　 数：166千字　　　　　　　　　　印　张：9.25
版　　 次：2016年8月第1版　　　　　　　印　次：2022年10月第9次印刷
书　　 号：ISBN 978-7-5551-0642-5
定　　 价：49.00元